失敗談から学ぶ

風俗の教科書

風俗探求編集部代表
コモエスタ神楽坂

総合科学出版

はじめに

ネットの情報では現在、全国に美容院は約24万軒近くあるそうです（否定する記事もあり）。歯科医は約6万5000軒、コンビニは約5万軒、ラブホテル（裏営業も含む）は約3万7000軒、書店は約1万軒、ハンバーガー大手3社は約4600軒、牛丼大手3社は約3000軒。

それでは、性風俗店はどのぐらいあるのでしょうか？

一般的には約1万9000軒と言われています。

風俗店を営業するには各都道府県公安員会の届け出が必要です。

ソープランドが「店舗型第一号営業」

ヘルス、マッサージなど箱ものが「店舗型第二号営業」

デリヘル、ホテヘルなどの店舗型が「無店舗型第一号営業」

ピンサロ、ちょんの間（料亭として）は「社交飲食店営業」約1万9000軒というのは届け出が出ている数ですが、風俗は流行り廃れが激しいので現在、この数字が正確かどうかは大変疑問です。しかも風俗には裏、闇営業があるので、おそらくは約1万9000軒の倍近くの軒数になるのではないでしょうか。

残念ながら正確なデータはありませんが、とにかく人は呼吸をし、うんこ、おしっこをし、髪型を気にしたり、虫歯になったり、本を読んだり、テレビを見たり、スマホを弄ったり、自慰をしたり、エッチをしたり、夢を見るということです。

そして、男は「風俗が好き」ってことです！（私見です）

昨今は女子専用の風俗店も増え始めたので、女性も風俗がお好き！（もちろん私見です）

20年前、サラリーマンの（自由になる）月のお小遣いが3万円という時代で、雑誌編集者に3万円を持たされ、なるべく安くて、楽しく、気持ちいい風俗店を取材していました。

しかし、大不況の今、自由になるお小遣いは激減と聞かされています。

それでなくてもスマホ代に毎月1万円近く支払っている現状。お気軽に風俗なんて行けません（だから社内不倫が激増しているという噂を耳にしましたが……）。

それでも風俗へ行きたい！

行くからには失敗したくない、騙されたくない、お金をドブに捨てたくない、嫌な思いをしたくない……。

本書では、風俗利用者500名近くのアンケートにより選ばれた風俗利用者なら誰もが体験する失敗談から信じられないような失敗談、思わず笑ってしまう話、号泣必死のどん底話などなど。選びに選び抜かれた失敗体験をもとに、風俗ライターや風俗体験取材漫画家たちが参考になる対策&回避術をアドバイスしたいと思います。

この本を手に取ってくれた方が、楽しくどっぷり風俗にハマることを念願いたします！

令和元年十二月　風俗探求編集部代表 コモエスタ神楽坂

『失敗談から学ぶ風俗の教科書』◇目次◇

はじめに

風俗の基礎知識

風俗店・風俗嬢選び 編

入店・待合室 編

プレイ前編

プレイ中編

失敗談から学ぶ
風俗の教科書

風俗の基礎知識

風俗店・風俗嬢選び 編

入店・待合室 編

プレイ前 編

プレイ中 編

プレイ後 編

帰宅 編

◆風俗店の種類と基礎知識

本書での「風俗」とは、「性風俗」のことで、風俗店は「性的サービスを行うお店」、風俗嬢は「性的サービスをする女性」のことを意味します。

風俗店によって受けられる性的サービスや料金は異なり、業種によって女性のことを「泡姫」「デリ嬢」「ピン嬢」「SM嬢」などと呼び、路上で直接交渉する女性は「立ちんぼ」と呼ばれています。入会金や指名料、オプション料などが必要になるお店も多いので、風俗初心者の方は、まずは「どんなお店」で「どんなこと」が行われ、料金は「どれくらい必要」なのかを把握しておくといいでしょう。

それでは早速、どんなお店があるか、ご紹介しましょう。

【ソープランド】

通称**「風俗の王様」**と呼ばれています。自由恋愛という名目で本番ができる場所です（営業は法的に認められていますが、プレイ内容は認められていません）。一般的に「高級店」「中級店」「激安店、駅前ソープ」と区分けされています。

基本的な内容は、スケベ椅子などを使ったボディ洗い、マットプレイなどの密着プレイ、ベッドプレイなどです。

警察白書によると届出店数は２０１７年時点で、全国に１２１７店あるそうです。

◎高級店

入浴料＋サービス料＝総額５万円以上が必要です。接客時間は１２０分以上。高級クラブのような店内、広いプレイルーム。きめ細かな接客、スタイル抜群で超絶テクニックを持ったハイレベルな女性が多く、男性従業員の接客教育も行き届いています。

服を脱がせてすぐにフェラチオを行う即フェラ、身体を洗う前にプレイをする即ベッド。即即サービスを売りにしているお店が多く、コンドームなし、中出しOKなんてお店も少なくありません。

ひと昔前はルックスだけで客を呼べた時代もありましたが、現在は大不況のため、プレイ内容はとんでもなく過激&濃厚になっています。

◎激安店&駅前ソープ

入浴料＋サービス料＝総額2万円前後で、接客時間は45分〜70分以上。高級店がくつろぎと安らぎとエッチを楽しむ場所とするならば、こちらは完璧に抜き目的のお店と言っていいでしょう。

低料金のためプレイ時間が短く、慌ただしいのが難点。店内が狭いので、マットプレイのマットがないお店も少なくない。

酔っぱらいや横柄な態度を取る客がたまにいるので、待合室では気を付けたい。そういう意味では風俗嬢から見ても、客層があまりいいお店とは言えないのかもしれません。

今や営業するのが大変で危機的状況にあると言われている駅前ソープ。大手チェーンに家業権を買い取られ、**「カジュアルソープ」**に再生されているケースも多いようです。

「カジュアルソープ」ってどんな場所？

「カジュアルソープ」とは、マットプレイやスケベ椅子などのテクニックを必要とするプレイをなくし、ベッドプレイを売りにしたソープのこと。

値段的にも60分2万円前後でソープとしては低料金のため、若者層から年配者層まで幅広く人気を集めています。

働く女性たちもソープ特有のテクニックを覚える必要がないので、素人でも比較的働きやすいと言われています。

若い女性が多く在籍しているのが魅力ですが、人気店などは女性の肉体的疲労が激しいため、お気に入りの女の子がすぐいなくなるケースもあります。

◎中級店

入浴料＋サービス料＝総額3万円～5万円。接客時間は90分前後。高級店と激安店、駅前ソープの中間が中級店です。人によっては、**大衆店**と呼ぶこともあります。コンドーム使用は必須ですが、スケベ椅子やマットプレイなどは一通り楽しめます。

中級店のいいところは、高級店で在籍していた凄技嬢たちが（聞こえが悪いが）堕ちてくる確率が高いということです。

ソープは基本、女性の奉仕プレイから成り立っています。不況の今、中級店がソープ好きには狙い目かもしれません。

◎早朝ソープ

授業前の女子大生が多く在籍しているとか、普段より3000円程度安いと言われ、一時期プチブームが起こった「早朝ソープ」は、早朝6時あるいは7時ころから始まります。

最近では全盛期ほど話題になりませんが、まだまだ朝活サービスをしているお店もあります。休日あるいは通勤前に、心身ともにリフレッシュしてみてはいかがでしょうか？

【ファッションヘルス】

30分～90分程度のプレイ時間で、料金は7000円～3万円程度。通称**「ヘルス」**。シングルベッドが設置されているプレイルーム（個室）で、ヘルス嬢が性的サービスをしてくれます。

プレイルームに浴槽はありませんがシャワールームがあります。シャワーを共同で使用するタイプのお店では、ほかのお客と鉢合わせしないように、女の子が配慮してくれるので安心です。

プレイルームで楽しめる性的サービスは、キス、乳首舐め、全身舐め、フェラチオ、シックスナイン、手コキ、素股などです。

一般的に、**本番はありません。**

お店の受付で女の子を指名（フリーで入店してもＯＫ）し、料金を支払ったら待合室に案内されます。人気店になるとお客も多いので、お店のホームページから予約するといいかもしれません。駅近、歓楽街などに派手な看板があるので見つけやすく、しかもお店の中だけでことが終了するので、何かと便利です。

【ホテルヘルス】

通称「ホテヘル」。プレイ時間は60分程度からで、料金は2万円程度から。受付は事務所でします。一般的には、駅近のマンションの一室にあり、受付で写真を見て女の子を選ぶことが可能です。指名しないなら「フリーで」と言えば、出勤中の女の子を紹介してくれます。

プレイ内容は一般的にファッションヘルスと同じです。受付で女の子とコースを選び料金を支払ったら、お店が指定する近くのレンタルルーム（ラブホテルなど）まで女の子と一緒に移動します。お店によっては料金の中にホテル代が含まれていたり、いなかったりするので、しっかりと受付で**総額を確認**してください。

【デリバリーヘルス】

通称「デリヘル」。料金は60分〜90分程度で1万6000円〜2万3000円程度で、お店のコンセプト（人妻系、痴女系など）によって値段も変わります。コンセプトによって料金の差が激しいので、お店のホームページなどでしっかり確認してください。

基本的にデリヘルは、ネットか電話での予約します。指名する女の子がいなければ「フリーで」と店員さんに伝えましょう。指名したらチェンジはできません。

自宅やホテルに女の子が来てくれる風俗が「デリヘル」です。

女の子のいる店舗から待ち合わせ場所（自宅やホテル）が離れ

ていると交通費も取られます。ラブホテルを利用する場合は、ホテル代も必要です。

お店によっては、指定された待ち合わせ場所（店舗近くの駅が多い）で女の子と合い、一緒にラブホテルへ行くこともできます。

【エステ・性感・マッサージ】

マッサージ嬢が前立腺を刺激する性的マッサージをしてくれるお店。「風俗メンズエステ」「性感マッサージ」が大人気となり、M性感、人妻性感、痴女性感、性感ヘルス、回春エステ、回春マッサージ、韓国式エステ、台湾式エステなど、非常に細分化されています。

基本料金は、60分～100分で1万2000円～2万円程度。お店によってかなり差がありますので、お店のホームページや店員さんにしっかり確認してください。

プレイでは、**ほぼ受け身**です。客が女の子に触ることや責めたりするのはNGです。

プレイ前のシャワーもお客ひとりで入るのが基本。アナルプレイ重視の方は、お尻の穴をしっかり中まで洗ってください。

指圧やオイルマッサージから始まり、中盤から鼠蹊部→睾丸→アナルへのマッサージに移行。性的興奮を十分高めてから、最後に男性自身へのハンドマッサージでフィニッシュとなります。

某風俗店オーナーによれば近年、草食系男子、受け身男子、M男子が激増中で風俗初体験のお客さんも多く、風俗デビューの場にもなっているとのこと。

【ピンクサロン】

「ピンサロ」などとも呼ばれています。基本料金は、30分～60分で5000円～8000円程度（昼間営業だとさらに安い）。真っ暗な店内に並んだ2人掛けソファのBOXシートで、女の子から性的サービスを受けられます。大抵の場合、ドリンク付きです。
できるプレイは、キス、おっぱいタッチ、手コキ、フェラチオなどシンプルな内容。お店によっては、ディープキスやシックスナインも可能な場合もありますが、**手マン**や**指入れ**は**NG**です。
某ピンサロ店のオーナーによれば、激安で且つ短時間で気持ちよくなれるということで、週イチ仕事終わり、飲み会前に「仲間で仲良く」というお客が多いそうです。

【おっぱいパブ・セクシーキャバクラ】

「セクシーパブ」「お触りパブ」「サロン」「イチャキャバ」などとも呼ばれています。キャバクラのように、お酒を飲みながら女の子が接客してくれるお店で、女の子のカラダに触れるのがポイントです。お店によってシステムや基本サービスが違うので、入店前に必ずスタッフから説明を請けてください。

基本料金はどちらも1セット40分からで4000円程度。延長料金は30分からで3000円～5000円程度になります。お客はセット料金としてドリンク飲み放題ですが、女の子が飲むドリンク代も支払うのがルールです。

女の子が客の膝上に乗ったらスタートの合図で、キスする、口移しでお酒を飲む、オッパイにタッチ（触る、揉む、舐める、吸う）などが可能です。サービスタイムのあるお店では、急に店内が暗くなり、女の子のプレイが激しくなります。でも、ヌキはありません。下半身露出も禁止です。

10分程度で女の子が入れ替わり、終了時間が近づくと大抵はスタッフがやって来て、「延長どうしますか?」と聞かれます。ただし、たまに延長確認をしないお店もあるので、**時間管理は自己責任**でくらいの気持ちでいたほうがいいかもしれません。

【オナニークラブ】

女の子に手コキをしてもらうお店が「オナニークラブ」、通称**「オナクラ」**です。以前は、女の子に見られたり、言葉責めされながら自分の手でフィニッシュするコースと、女の子に手コキをしてもらうコースと別れてました。現在は、ほとんどのお店が自分でしても、女の子にしてもらっても同じコースのようです。

20分～60分のコースで、料金は3000円～8000円程度から。女の子は**全裸にはなりません**。そのため学生やキャバ嬢が多く在籍しています（某風俗雑誌編集長談）。

お店によっては、オプションとして相互オナニーやゴムフェラ、顔面騎乗などの過激なサービスがあるところもあるようですが、プレイが過激になればなるほど女の子のビジュアルは残念になるケースも多いようです。

【JKリフレ】

「リフレ」とは「リフレクソロジー」の略で、学制服を着た女子高生風の女の子とおしゃべりしながらソフトマッサージを受けられるお店です。

受付でメニューコースを選んで遊べるシステムで、基本コースの料金は30分～60分で4000円～6000円程度です。

添い寝コース、ハグコース、足裏マッサージコース、耳掃除コース、ほっぺにチュウコース、生着替えコース、顔面騎乗コース、女の子と外出できるおさんぽコース、時間ごとに女の子が入れ替わる回転コース、脇の下ペロリコース、メアド交換コースなど、各コースごとにお金がかかります。お店によっては、○○コースとして膝枕、耳掃除、顔面騎乗、メアド交換などすべて含まれたコースもあるようです。

2013年以前は、現役女子高生が多く在籍していたことで大規模摘発を受ける事案が続いたことから、現在は18歳から20代前後の女子高生っぽい女の子が多く在籍するということになっているそうです。

【SMクラブ】

サディストのS（女王様）とマゾヒズムのM（奴隷）、あるいはM女（奴隷）とS男子（ご主人さま）のように、主従関係によるSMプレイを楽しむお店です。

基本料金は、お客がMの場合は60分～120分で2万2000円～4万8000円程度。お客がSの場合は60分～120分で3万円～7万円程度です。

プレイ内容は、縛り、鞭打ち、アナル責め、蝋燭、浣腸、放尿、飲尿など、SMファンを満足させるための多くの羞恥バリエーションがあります。しかし、昨今では「痛いのはイヤ」というマゾヒズム客も多く、言葉責めを中心としたソフトＳＭクラブも人気があります。

【ニューハーフヘルス】

一般的に、女性ホルモンを投薬して私生活でも女性でいるキャストを**「ニューハーフ」**。ホルモン摂取はせずにお店でのみ女装しているキャストを**「女装子」「男の娘」**などと分類しているようです。

基本料金は60分～１２０分で１万３０００～２万７０００円程度。基本プレイはＡＦ（アナルファック）と逆ＡＦ（アナルファック）で、女装子・男の娘の場合は、アナルプレイＮＧが多いようです。

プレイ内容は、ヘルスやデリヘルとほとんど変わりはありませんが、ＡＦ、逆ＡＦはもちろん、亀頭と亀頭を擦り合う兜合わせ、フェラチオ、逆フェラチオ、相互フェラなどが体験できます。

本物のペニスの硬さ、臭い、感触、温もりを感じられるのは、ニューハーフ関連の風俗店だけです。また、ニューハーフソープやニューハーフデリヘルなど、ニューハーフが在籍する風俗店も最近では人気のようです。

【ハプニングバー】

様々な性癖を持つ男女が集まるバーで、突発的なハプニングを楽しむ素人参加型の社交場。「ハプバー」とも呼ばれていて、厳密に言えば風俗店ではありません。

単身者や男女のカップルはもちろん、男性同士、女性同士、20代の若者から年配者まで客層も幅広く、お店ごとにイベントを開催しているため、にぎわう日時などもお店ごとに違っています。

基本料金（入会金＋入場料）は営業時間内、男性は2万円程度から、女性3000円程度（入会金のみ）から、カップル1万2000円程度からです（飲食代別）。

受付にて身分証明書提示。店内には携帯電話やスマホの持ち込み**NGなので、お店のロッカーに荷物と一緒に置いていきます。**

ほとんどのお店には、飲食ができるスペースとプレイルームのほかにシャワー室もあるので、プレイ後の処理も安心です。

ルールとしては、女性への勝手なお触りはNG、女性が嫌がるプレイの強要行為は禁止など意外と厳格で、女性客の場合は相手が好みでなければ断ることもできます。ハプニングバーは、女性上位のお店でもあります。

ピンサロやセクキャバのようにスタッフが店内を巡回しており、違反行為をすると退店させられることもあるので注意してください。お店のルールは、事前確認していたほうがいいかもしれません。

【ちょんの間】

1958年売春防止法が施行される前、国公認で売春が行われていた地域（赤線、青線）で、いまも営業（表向きは料亭、宿泊施設）を続けているお店です。関東では川崎市の堀之内、関西では大阪市の飛田新地が有名です。

基本料金は、15分～60分で1万円～4万円程度。オプションなどはなく、ただセックスをするだけ。疑似恋愛を体験することもなくヤルだけですが、やさしくリードしてくれます。

【立ちんぼ】

街頭に立ち、客引きをする街娼。**「ストリートガール」**の別名。お店を通さない裏風俗ですが、地域ごとに、立ちんぼ同士のルールがあります。

基本料金は2万円程度ですが、客との交渉次第なところもあります。立ちんぼの場合、2回戦、3回戦もOKなソープと違って、プレイ時間は1回射精したらほぼ終了です。

ただし、某風俗ライターの経験談によると、気が合えば朝まで一緒なんてケースもあるようです。

◆風俗業界はどこへ向かう

日本の風俗店の凄いところは、お客の性的処理目的に合わせてサービスが驚くほど細分化されているところです。

コンビニ感覚の手軽さを重視するなら「ピンサロ」「オナクラ」「ちょんの間」、恋人や妻では体感できないテクニック重視するなら「ソープランド」「性感マッサージ」、いつまでもドキドキしたい疑似恋愛なら「おッパブ」「セクキャバ」「デリヘル」「JKリフレ」、我が道を行くフェチ道邁進なら「SMクラブ」「ニューハーフヘルス」「ハプニングバー」がおススメです。

近い将来、好みの女性の声帯、思考、表情、人肌の温もりを持った「ＡＩ搭載リアルドール」が登場し、風俗業界も一新するのではないかという声も聞こえてきています。

虚実皮膜が浮遊しながら権力に抗い前へ進む日本の性風俗業界。これからも新しいジャンルや新サービス、超絶性技などもどんどん生み出され、令和時代の性風俗史を彩ってくれることでしょう。

それでは次章から、風俗をこよなく愛す諸先輩方の〝笑える＆泣ける＆信じられない〟風俗での失敗談をお送りします。風俗店に行ったことがない、これから行ってみたいという風俗初心者の方々は、先輩たちの失敗談から風俗とは何たるかを学び取ってください。

COLUMN

2020年の風俗を考える。五輪後の日本の下半身は大丈夫？

射精がしたいのか、射精しているところを見られたいのか、女性に抱かれたいのか、罵倒されたいのか、メスイキしたいのか、女性たちの前で笑われたいのか、混浴したいのか、使用済みパンティーを咥えたいのか……。

客のニーズに応え続ける世界に誇る日本の風俗業界。とある雑誌の取材先で、40代サラリーマンが叫んだ。

「月イチ風俗でフェチ全開のバカをやっているんです。でもね、このストレス社会、月イチ風俗では精神が持たないんですよ。本来なら週イチで風俗へ行きたい。しかし金銭的に余裕がない。だからボクはね、毎晩、毎晩、会社帰り、駅から自宅までの暗い夜道、ち○こを露出して帰宅しているんです」

1862年（文久2年）、イギリスの外交官であったアーネスト・サトウが初めて日本を訪れたとき、多くの、しかも大人の男女が裸で歩いていたのに驚いたそうだ（明治初め東京府は裸で外を歩くことを法律で禁止した）。

1823年（文政6年）、来日したドイツの医師、シーボルトによると日本国民の100人のうち90人は梅毒にかかっていると推定している。しかも平然としている日本人にさらに驚いていた。

江戸時代、江戸ではかなり目の見えない人が多かったそうだ。結婚している人は少なく、ほとんどが独身男性。だから売春婦も多かった。常に4000人以上はいた吉原（多いときは7000人以上もいた）、街道の宿場にも「飯盛女」と呼ばれた売春婦が数多くいた。東海道五十三次は、まさにセックス街道だった。

とにかく江戸時代には、船の中でエッチをさせる「船まんじゅう」、お風呂でエッチをさせる「湯女」、料理屋でエッチをさせる「酌婦」、茶屋でエッチをさせる「茶屋女」、ちなみに夜な夜な出没する人気の「夜鷹」（34頁へ）

COLUMN

2020年の風俗を考える。五輪後の日本の下半身は大丈夫？

は一晩で360人を相手にしたとも言われている。江戸の娯楽はセックスだったといってもいいのかもしれない。

さらに時代をさかのぼれば、712年（和銅5年）、日本最古の歴史書『古事記』にはストリップをする巫女が登場。また、現存する奈良時代末期に成立した日本最古の和歌集『万葉集』には、性的おもてなしをする元祖売春婦「遊行女婦（うかれめ）」が登場する。

これほどまでに日本人はセックスに大らかなのだ。

そして2020年は、大変なセックス戦争が開幕しようとしている。五輪需要、グローバル化の尻馬に乗り、ひと儲けしようとする語学堪能な女性たちが、訪日客あるいは日本人目当てに、海外からどっと押し寄せてくる（らしい）。まさに黒船来襲だ。

2020年の7月24日から8月9日までの17日前後、都内で性の五輪が開催される。そして五輪終了と同時に、風俗業界はどうなっていくのか？

東京の活況の虚しさに膝まづくのか？

それとも……。取材先で叫んだ40代サラリーマンのように、変質者ばかりが増えないことを望むばかりだ。

2020年五輪終了後、「日本の下半身は大丈夫か？」。みんな、くよくよ考え過ぎず、風俗へ行こう！

（文／コモエスタ神楽坂）

失敗談から学ぶ
風俗の教科書

風俗の基礎知識

風俗店・風俗嬢選び 編

入店・待合室 編

プレイ前 編

プレイ中 編

プレイ後 編

帰宅 編

★失敗談　1手

30分、1600円の超超超激安ヘルスに行ってみた。

（PN：ピンクの夜汽車／44歳／営業職／既婚）

★超激安ヘルスで失敗した話

出てきた熟女がどうみても60歳以上！

ＢＯＸシートに座る瞬間に小声で、

「どっこいしょ」


さらに口臭が肥溜め臭。

店内大音響のため、顔を近づけババアの会話を聞かねばならぬ至近地獄……。もちろんプレイ前に、俺と息子は戦意喪失でした。

▼風俗先輩からのアドバイス

ロリ好きだというピンクの夜汽車さん、ご愁傷さまでした……。

店内が小宇宙の暗黒ピンサロでは、たまにあきらかに60歳以上のおばちゃんが出てきて爆笑させてくれることは確かにあった。

熟女好きのわしの場合、それはそれでご馳走なのだが。

わしの担当だった編集者Aさん（当時54歳、既婚）も大の熟女好きで、2人で熟女ヘルス体験取材に行ったときの話。紹介された2人の四十路熟女さんを見て、若い店員に向かってAさんが真顔でひと言、

「幼女しかいないのかよ、この店は！」

ピンクの夜汽車さんのように、10代ムチムチ系女性が好きな人には拷問ですな（笑）

風俗には格安店、大衆店、高級店、超高級店などお店の値段に合わせ、女性の採用基準、接客への教育指導などの違いがある。

基本的に高級店（高額）になればなるほど女性のレベルは向上

するようだ。

確かに格安店は高級店に比べると、接客の仕方、言葉遣いなどは教育されず、「自然体だな……」なんて感じることも確か。

でも、見た目60歳以上の熟女が出てくるのは、最近では珍しいかもしれない。


風俗店はいろいろなお店があります。

お財布と相談しながら是非、いろいろなお店に行ってみてください。風俗家計簿なんて付けると、より風俗ライフが楽しくなるかもです。


（お答え人／コモエスタ神楽坂）

★失敗談　2手

ホームページの写真はあきらかに石原さ〇み似だった。

（PN：ヘコヘコバック／56歳／ドライバー／未婚）

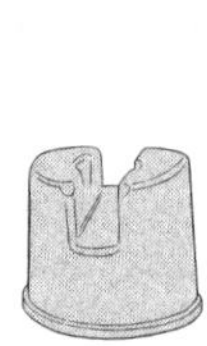

★風俗嬢選びで失敗した話

ＥＤ治療薬バイアグラを飲んで、駅の階段を1段飛ばしでお店に行けば、接客してくれた女性はホームページの写真とは似ても似つかぬ酸欠半魚人！

しかもどう見ても四十路過ぎ（ホームページには24歳と明記）。

さらにアナルまで不細工。

心のちんちんまでゲッソリ萎え萎えにされたヘコヘコバックさんだが、バイアグラのおかげで股間は自分の意思とは真逆のやる気満々直立不動！

すっかり酸欠半魚人に甘えられちゃったとか、いやはや……。

お店のホームページの女性たちのパネル写真をフォトショップやアプリで魔法のように実物よりも可愛く見せるパネルマジックの略、マジパネ。

▼風俗先輩からのアドバイス

確かにホームページの写真と実物がまったくの別人ともなれば、ある程度の覚悟はしていたとしてもガッカリ感はあるものだ。

いまではそんなビックリするようなマジパネはないと思うが、確かに昔は酷かった。

あきらかにアイドルの写真、さらには他店の人気嬢の顔写真までもが（無断？）使用されていたこともあった。

しかし、現在は昔ほど修正丸わかりのようなパネル写真も少なくなったような気がする。

見分け方として人物と背景の違和感を見つけたり、オキニの写メ日記があれば写メ日記を見たり、一番信用がおけるのが動画があれば動画で判断するのが最良とも言われている。

ただし顔までアップしている動画は少なく、とにかく雰囲気で判断するしかない。

お店のホームページのプロフィール写真、あるいは受付で見せられるプロフィール写真は、あくまでも参考程度と諦念し、「写真よりもナチュラルで綺麗ですね」なんて歯の浮いたお世辞でも照れずに言ってみてはどうでしょうか？

私が風俗体験取材漫画家になる前に、先輩漫画家に言われたことは、

「風俗嬢さんへの取材の極意は、褒めて、褒めて、舐める」

私は実践しています。

ちなみに最近ではフォトショップで加工した写真を見分け、加工した部分をもとに戻すＡＩが開発されたそうです。

（お答え人／せんず利助）

★失敗談 3手

写メ日記で見つけた風俗嬢の特技は「折り紙」だった。

（PN：ふわっちょマン／26歳／フリーター／未婚）

★風俗嬢選びで失敗した話

着物姿が似合うお淑やかな女性がラブホテルの部屋のドアをノックするかと思いきや、身長165センチのふわっちょマンさんよりも12センチは高い、177センチのブラジル人（親日家）がやってきたそうです。

しかもふわっちょマンさんの一般的な男性よりかなり余っている包茎の皮を弄り回し、「バラの花」を作る手先の器用さを披露され屈辱感まで味わうことになったとか。

さすが、特技「折り紙」！

▼風俗先輩からのアドバイス

嬢の写メ日記を男性スタッフが書いているという話を成人雑誌の編集者さんから聞いたことがあります。

そのおかげで、ボクもよく嬢の写メ日記を徘徊するのですが、自己PRばかりしている写メ日記を見かけると、さては……むふふ……、男性スタッフが書いているなと証拠もなくベテラン刑事顔になったりするものです。

風俗体験取材歴5年目のボクも風俗店に足を運んでいるいるうちに段々とクンニが、それなりに、あくまでもそれなりに上手になっていったように、数多くの風俗店のホームページを巡り、写メ日記を拝読していると、それなりに書き手を理解できるようになっていく（ようです）。

ぜひ一度、1日中、嬢たちの写メ日記を短編小説でもような気持ちで読んでみてください。保証はできませんが、意外と楽しめますよ。

「そんな時間はない！」という方は、会員制サイトなんてどうでしょうか？

フリーで見られる風俗店のホームページの顔写真よりは騙しはないハズです。

知人の自宅暮らしの通称・ぼっちゃん風俗ライターは、客への高い安定性と信頼性、さらにはサービス向上のために入会金、身分証明書提示などが必要になりますが、会員制ではない一般的な風俗店よりは「ガッカリ感はない！」と豪語しております。

ド貧乏過ぎて会員制風俗店なんて夢のまた夢なボクですが、会員制風俗店の入会も検討してみるといいかもしれません。

（お答え人／アルバート・イヤロル）

★失敗談　4手

真夏の夜の恐怖話。ドアを開けてみたら立っていたのは……。

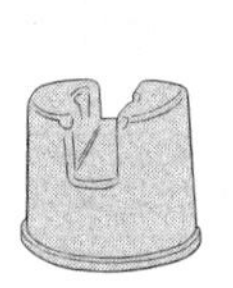

（PN：オレの中の鬼軍曹／61歳／自営業／既婚）

★予約での失敗した話

仕事一筋だった緑寿66歳のオレの中の鬼軍曹さんは、昨年、定年退職して、いまは年金で月イチ風俗を楽しんでいるとのこと。

先日、電話予約で好みの女性のタイプ「巨乳」とだけ告げ、ラブホテルの部屋で精力勃起薬を飲んで、待つこと20分あまり、そろそろ到着するのではないかと、廊下に聞き耳たてるが人の気配もせず……。

幼少の頃より「待つ」ことが苦にならない性格上のオレの中の鬼軍曹さんだが、この日ばかりはどうにも遅い。30分、40分……、お店に電話をしてみようかとひとり娘に持たされた携帯電話を手にしたところ、部屋のドアを軽くノックする音が……。

ベッドの上からゆるりと上体を起こし、やれやれといった表情でドアを開けてみた、オレの中の鬼軍曹さん。

そこに立っていたのは額から、首筋、さらには露出した腕、太ももからまるでシャワーでも浴びてきたかのような大量の汗でドロドロになった二十歳後半らしき身の丈150センチ程度の体重三桁女性。

「(指定されたホテル)場所を間違えちゃいました」とひと言つぶやいて、持っていたペットボトルの水をゴクゴク……。

巨乳ではなく巨体が来た!

▼風俗先輩からのアドバイス

電話予約するときの、まさに注意点です。

よほど親しい間柄でも言葉の意味のとらえ方は異なる場合が多いです。ましては初対面……。

客に「ぽっちゃりをお願いします」と言われて、欅坂46の平手友梨奈みたいな子か、と思う店員もいれば、おかずクラブのオカリナちゃんだよな、と思う店員もいる。

ぽっちゃりとか、巨乳とか、可愛い子などと曖昧な言葉ではなく、**誰にでもわかるポイントを具体的に**伝えた方がよさそうです。

ポイントは、**曖昧な言葉は避け、譲れない要素を告げて、具体的に好みのタイプを伝えて**みましょう。

教育された店員さんであれば、在籍している女の子たちのセールスポイントを理解しています。店員さんの電話対応によっても、そのお店が良い店か、わかります。

もちろんお客も謙虚に会話のキャッチボールをしてください。

（お答え人／アルバート・イヤロル）

★失敗談　5手

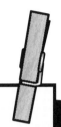

ラブホでの待ち時間で行うストレス発散方法がヤバ過ぎる。

（PN：暴れはっちゃん／48歳／IT関係／未婚）

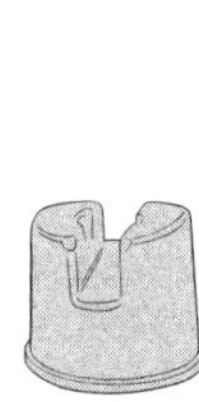

★待ち時間で失敗した話

職場の人間関係はうまくいかず、しかも会社までの移動時間が2時間半、もちろん残業手当は出ない。まさにブラック企業に勤務している暴れはっちゃん。

幼少の頃から性格のキツイ母と姉3人に育て、いや飼育されたいたトラウマゆえ、女性に対し常に緊張感があり、四十路になっても恋愛の駆け引きが賢くできないそうだ。

そのため月イチの風俗で日頃のストレスを発散させているとのこと。その発散方法がぶっ飛んでいて、ラブホテルの部屋にデリヘル嬢を呼ぶあいだにバスルームの排水溝へウンコをするそうだ。

バスルームに入ったデリ嬢の不快に感じた顔、自分たちが部屋を出ていったあとの清掃員たちの怒りの顔……。

考えただけで勃起状態だという。……これは失敗談？

▼風俗先輩からのアドバイス

信じられないけどいるんですよ、ラブホテルの部屋を汚していく人たち。風俗嬢さんたちからお客の性癖話をこっそり取材したときに、フィニッシュは風俗嬢のお腹や太ももではなく、部屋に置かれたテレビの画面や扉の取っ手などにぶちまけて、帰宅してから、「今頃、清掃員さんが怒りながらオレの精子を拭きとっているのかな」と妄想して、それでまたシコるお客さんがいたそうです。

ラブホテルに入った瞬間から、無人対応で受付にあるタッチパネルで部屋を選びます。まさに誰とも会わずに部屋まで行けます。

誰も見ていない錯覚に陥るかもしれませんが、顧客名簿に記入しないため警察指導のもと監視カメラがいたるところに設置されています。都市伝説的には、部屋の中にも設置されているなんて話も耳にします……。

立つ鳥跡を濁さず！

全国にラブホテルは3万軒ほどあり、1日の利用者約180万人。多くの人が利用します。そのことを念頭に入れ楽しく利用しましょう。

ボクはデリヘル嬢の到着を待つあいだ（20分程度）、部屋の中を探索するのが好きで、行くたびにベッドの下から、中から、冷蔵庫の裏など、ありとあらゆる裏側を見て回ります。盗聴器を発見したこともあります。それから注射針、エロ本、使用済みバイブ（歯形が付いていた）、下着、小銭……。とても興奮します（笑）

（お答え人／アルバート・イヤロル）

★失敗談 6手

普通のマッサージ店だと思って入ってみたら……。

（PN：ほたて亀柱／67歳／自営業／既婚）

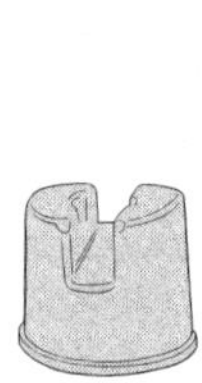

★お店選びで失敗した話

駅前を歩いていたとき、とあるマッサージ店の看板を見つけたほたて亀柱さんは、日頃の疲れを癒そうと入店したという。

すると、薄暗い個室に連れていかれ、超ハイレグの紙パンツ1枚にされてしまったとのこと。

驚いていると、今度は股間にローションをたっぷり塗られ、紙パンツを脱がされ、四つん這いにされると、なにやら器具のようなものまでアナルに挿入されて……。

声まででちゃって、5年ぶりの射精をしてしまったとか。

▼風俗先輩からのアドバイス

あまりのハードさで心臓が止まるかと思った、ほたて亀柱さん。

確かに大きなビル群が建ち並ぶ駅前には、緑、白、茶、紫、ピンク……、様々な色のマッサージの路上、あるいは壁看板が見られます。女性が肌を露出してうつ伏せになってマッサージを受けている写真の看板も少なくない。

実際、30代童貞だったころ、漫画稼業が忙しい時期がありまして、どうしてもマッサージを受けたくなって、思い切って駅前のマッサージ店に飛び込んだことがあります。

ほたて亀柱さんとはかなり違う進行でしたが、接客してくれた女性は20代でした。

最初は普通に服を着たまま個室でマッサージを受けていました。

過去にも数回、本格的なマッサージを受けていたことがあるので、そのときはやけにゆるいマッサージだな、しかもかなりボクに密着する子だなと思いました。

20分ぐらいすると、女の子がボクの耳元でひと言。

「もっといい気持ちになるけど……」

46歳まで童貞だった風俗未経験のボクにもすぐにわかりました。「これは一般的なマッサージじゃないぞ！」って。

貧乏性のボクはすぐに「ＮＯ！」を突き付け個室を出ました。

断るお客がいないのか、女の子、唖然としていましたね。


看板が出ているマッサージ店ならしも、団地やマンションで個人営業していて看板が出ていないマッサージ店もあります（闇エステとも呼ばれています）。

取材で行ったのですが、個人宅の一室で営業している場所なんてのもありました。なんか不倫でもしているような感じで、このドキドキ感、ボクは好きでした。

プレイ内容は、一般的風俗にある回春マッサージでしたけどね。


（お答え人／アルバート・イヤロル）

COLUMN

AV男優の“ガシマン”って本当に気持ちいいのか聞いてみた。

風俗嬢をしながらＡＶ女優をしている方々30人程度に、ＡＶ男優について取材をしたことがあります。

ＡＶ男優のテクニックは、映像を観ている人たちを興奮させるためのテクニックなので、派手だけどまったく気持ちよくないと、取材をした女性たちほぼ全員が言っていたのが印象でした。

風俗客の中には、「『ＡＶ男優のような激しいテクニックを使えば女は気持ちいいんだろ?』って思っている能天気な子がいるから、ほとほと困ります」と言っていました。ガシマンなんて愚の骨頂かと。

テクニックはオーバーリアクションですが、彼女たちがＡＶ男優さんのプロ根性を見せられたのは、彼らの「息子男優」だそうです。

とにかく艶があり、逞しく、反りと硬さが素晴らしかったそうです。まさに名優、名刀をぶら下げる。

ＡＶ男優さんのようなギンギンに反り返ったイチモツをぶら下げた、風俗客にはめったにお目にかかれないとか。確かにＡＶ男優さんたちは日頃からスポーツ選手並みに、いやイチモツに関してはスポーツ選手以上に鍛えているという話を聞いたことがあります。

余談になりますが、知人の風俗ライター・Ｋさんは、8年前の25歳（無職）のとき、6つ上の姉が勝手に汁男優に応募してしまい大変だったと言っていました。

昼夜が逆転し、一睡もできずに早朝から撮影現場へ行き、心臓バクバク状態で2発、ＡＶ女優さんに顔射……。おかげでいまでもそのＡＶ女優さんを見ると、違った意味でドキドキするそうです。

（文／桃山みか）

風俗の基礎知識

風俗店･風俗嬢選び 編

入店・待合室 編

プレイ前 編

プレイ中 編

プレイ後 編

帰宅 編

★失敗談　7手

受験で泊まったホテルの前がピンク街で……。

（PN：学歴コンプレックス／44歳／製造業／既婚）

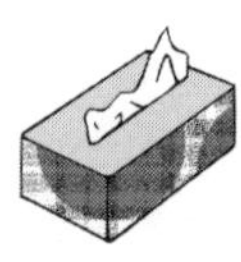

★ピンサロで失敗した話

学歴コンプレックスさんの話によると受験のために上京した夕食時、偶然、目にした煌びやかな欲望ネオンに、つい、ムラムラとしてしまい、翌日、受験日だということも忘れ、ちょいと激安ピンサロに立ち寄ってしまったとか……。

30分で2発ヌかれ、興奮冷めやらぬまま、さらにホテルに帰ってから自分で2発ヌいちゃったそうです。

受験当日、2時間睡眠の果てに「ボ――、ボボ、ボ――」脳内に鳴り響く汽笛。思考能力ゼロ！

さらに運悪く、それから2週間以上風邪をこじらせ（学歴コンプレックスさん、自慰は全裸派だそうです）、受験するはずの5校とも両親の期待を裏切る結果（地元の田舎では「この町はじまって以来の神童」とチヤホヤされていたようです）に。

20年以上経った今でも歓楽街に来ると……萎えるそうです。

▼風俗先輩からのアドバイス

それにしてもなぜ（?）受験のための上京連泊が大人の遊び場「歓楽街」に宿を取るかな（笑）

確かに歓楽街は交通の便がいいですからね。蝶が綺麗な花に誘われるように、夜の歓楽街は人々の好奇心を擽ります。

人によっては、その後の人生を左右してしまうほど重要な受験。上京する受験生たちは周りの環境なども事前に調べ、ホテル選びすることも必要です。

余談ですが、多くのＡＶ女優や風俗嬢さんたちを取材している私ですが、こんな風俗嬢さんがいました。

家出同然で上京した女性、繁華街に降り立った直後にナンパされ、その夜にはナンパしてきた男の家に泊まり、数日後には風俗嬢として「働かされるハメに」なってしまったとか……（本人談）。

数週間、ショックでそのときの記憶が全くないそうですが、取材のときは元気（？）に風俗嬢さんを続けていました。

ちなみに、都内の風俗業界では地方出身者が増える、3月、4月。さらには夏休み前の6月、7月（短期間高額バイトをして8月に旅行目的）は、若い新人女性が多いとの噂です。

東京都の総人口約1300万人、甘い罠も多いと思われます。上京の折にはお気を付けくださいさい。

（お答え人／桃山みか）

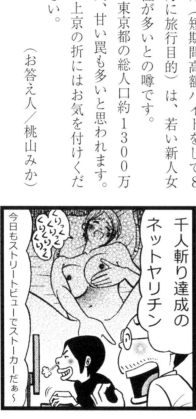

千人斬り達成のネットヤリチン
くりっくくりっくくりっくくりっく
今日もストリートビューでストーカーだぁ〜

★失敗談　8手

○○だと思われたくなくて○○○○してから行った結果……。

（PN：ドギーマギー／30歳／経営者／未婚）

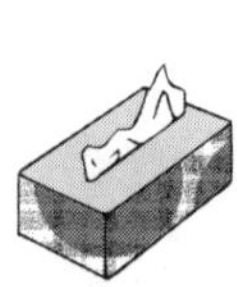

★見栄を張って失敗した話

ドギーマギーさんは、お店の女の子に早漏だとバレないように、自宅で3発抜いてから出発。

お店でまったく勃たなかったそうだ……。

▼風俗先輩からのアドバイス

経験上、お店の女の子が早漏を揶揄するようなことはしないと思う。わしもかなり早い方だが、小馬鹿にしたり、見下した感じを出した嬢はいなかった。お世辞で「気持ちよ過ぎますよぉ～」なんて言いながら照れ笑いしたりはするけど……。

それはさておき、こういう場合はとにかく場慣れして、極度の緊張をなくすことが重要とのこと。緊張を楽しめないと勃たないようです。男はナイーブですから。

わしも以前は勃たないときもあったが、ED治療薬のおかげで問題なく勃起できている。面識ある若手風俗ライターも苦手としている50代、60代の完熟系風俗では、必ず服用して行くそうだ。

ちなみに、57歳のわしは即効性のある「レビトラ」。10mg（1500円）、20mg（2000円）で売っている。

ドクターの話では、飲んだあとに顔の火照りが気になるようだったら、10mgを半分に割って服用しても効果はあると言われたので、（貧乏ということもあり）5mgで風俗体験取材に出掛け、見事なまでに勃起している。熟女好きのわしが苦手にしている10代、20代女子の前でも勃起時12センチ砲は直立不動でR！

ただし、ED治療薬は飲んだらすぐに勃起する薬ではなく、服用して1時間後ぐらいに効き目がくるので、そこでイチモツをシゴかないと勃起はしない。飲んだまま、ぼぉ～としているだけでは勃ちませんからご注意を！

現在、主要なＥＤ治療薬は、**「バイアグラ」「シリアス」「レビトラ」**（値段はネット、クリニックなどで格差あり）などがあり、わしはバイアグラとレビトラしか服用したことがない。

知人たちの話によれば、家庭円満、知名度、安定感はバイアグラ、乱交パーティ、長時間有効のシリアス、即効性のレビトラだそうだ。

ちなみに昨今、70代・80代のおじいちゃん世代も風俗店に足を運んでいるらしい。聞けば会話がメインだが、ＥＤ治療薬でしっかり勃つそうだ。

（お答え人／コモエスタ神楽坂）

ED 治療薬の種類とその効果	
バイアグラ	世界 110 カ国以上で販売されている ED 治療薬。作用時間は 4~5 時間ほど。安全性・信頼性も高い。
シリアス	長時間作用型の ED 治療薬。作用時間は 30~36 時間ほど。「ウィークエンドピル」とも呼ばれている。
レトビア	即効性に優れた ED 治療薬。服用から早ければ 15 分程度で効果が発現する。作用時間は 5~10 時間ほど。

★失敗談　9手

風俗の神に愛されなかったオレ。

（PN：残高確認／46歳／医療関係／既婚）

★NGに遭い過ぎて失敗した話

ヘルスに行ったら「前の客がずっと乳首を吸っていたので痛くってぇ～」とおっぱいNG。

デリヘルに行ったら「前の客が極太の真珠入りの遅漏で、アゴ、疲れちゃって……」とフェラNG。

おっパブに行ったら「生理前なので、あまりおっぱい触らないでね」って……。

神に愛されなかったオレがいる！

▼風俗先輩からのアドバイス

たまにいますよね、触られることを極端に拒否する風俗嬢が。

エステ、M性感などはお客からのお触りはNGになっているお店が多いものの、ヘルスやピンサロなどでお触りを拒否られると思わず、指の爪とか、自分の腋臭を気にしてしまう小心者のわし。

プライベートでピンサロに行くと、100%確実に「今日、生理だから下はNG」って言われるからな。

なんだろうね、風俗嬢がNGを出す場合って。

考えられるのは……


不潔。

息が臭い。

サービス要求がしつこい。

エッチが下手そうな顔している。

悪寒を感じる容姿だから。

金持っていなさそうだから。


……などなど。

理由としては、過剰サービスの強要と生理的嫌悪感が考えられるだろう。お触りOKのお店で拒否っている娘は人気もなくなり、お店に居づらくなると思うけどな……。

もしかして残高確認さんだけで、ほかの客には出血大サービスだったりして（笑）

まぁ、わしも取材でなければ、女の子からは汚物を見られるような目で見られているけどね（ド変態のわしはそれが快感なのだが）。

とりあえず**清潔感第一**で行きましょう。

わしと一緒にお祓いしてもらいに行きますか？

（お答え人／コモエスタ神楽坂）

★失敗談　10手

風俗へ出かける際の男の身だしなみ。それは……。

（PN：週刊スケベ／41歳／歯科医／既婚）

★身だしなみで失敗した話

風俗に行くときは必ず、女性用下着を身に付けて行く、週刊スケベさん。服を脱いだときに、風俗嬢さんのドキリとした顔や赤面した顔を見ては股間を熱くしているとのこと。

しかし、最近では女性用下着着用の変態客はそれほど珍しくなく、ベテラン風俗嬢さんともなると無反応で面白みがないという。昨今、女児用アニメパンツを履いたまま放尿などを楽しんでいるお客さんが激増中で、女性用下着姿くらいでは嬢の反応も薄いらしい。なので週刊スケベさんのチンチンは、いつもガッカリしているそうです。

▼風俗先輩からのアドバイス

ひと昔前なら、女児用アニメパンツを履いてくる客といえば、幼児性癖のあるお客が主だったようですが、今では一般的なデリヘルでもそのような行為が行われているとは……。風俗ライターとしてさらに股間を磨き、多様な風俗店に足を運ばなければです！

確かに、放尿プレイひとつとっても、放尿専門店に行かなくても今ではほぼ一般的なデリヘル店で楽しめます。

ＳＭ系でも、最初の30分はＳを演じて、残り30分は立ち場を逆転させてＭになるなんて、一粒で二度美味しいＳＭ系デリヘルもあります。

風俗嬢さんにおしっこかけられたいけど、顔射もしたい……。罵倒されたいけど、女性の恥ずかしい体位を見てみたい……。

多様化した性癖、細分化したプレイ。そして、フェチとフェチの細胞分裂、そして細胞結合。まさに……、

変態（核）ありて人間形成と資する！

今は、欲張りフェチ世代の時代なのです。

確かに取材をしていても、風俗嬢さんの口から、「女性用下着を身に付けているお客さんが多いので、あまり驚きませんね」「私がヘンタイ大好きだからかなぁ、お客さんの3人にひとりは女性の下着を履いているわね」なんてセリフが飛び出すほどです。

ニューハーフ、女装マニアでもなく、ただ風俗に行くときだけ女性用下着を着用する客が多いことも取材をしていて感じます。


ネットで買いやすくなった。

「可愛い」が好きな男性が増えた。

女性下着のほうが収まり感があり、攻撃的になれる。

風俗嬢さんの驚いた顔を見て興奮したい。

様々な動機はあるにせよ、とにかく女性好きな男性でも女性の下着を身に付けて風俗を楽しみたい。むしろ、彼女や妻の前では男性を演じなければならないけど、風俗嬢さんの前では男性の鎧を脱ぎすて人間になれるのかもしれない。

それだけ風俗を楽しむ男性が増えたのかもしれません。

風俗へ行く格好は何度でもいいですが、とにかく……

清潔であれ！

と言って、スーツ姿だと風俗店への道すがら、やたら呼び込みに声を掛けられますのでご注意を。

一時期、歓楽街に風俗嬢さんを落とす（店外デート）ためにアクセサリーから下着、衣類、靴、腕時計、香水など、なにからなにまでレンタルしてくれるお店なんかもありました（いまは不明）。

余談ですが、知人の某風俗ライターさんは海外旅行へ行く人にいつも変わった絵柄の派手な下着を買ってきてもらっています。

先日、見せてもらった下着は、亀頭部分だけをフードのように隠せるほぼ紐状態下着でした（笑）

派手な、しかも卑猥な下着を身に付けているだけで、なにかと取材はスムーズに運ぶらしいです。

週刊スケベさんも機会がありましたら、女児用アニメパンツを履いて風俗へ行ってみてはいかがでしょうか？

これまでとは違った風景が見られるかもです。

（お答え人／桃山みか）

★失敗談11手

吉原ってどこ?

（PN：ぐーぐるぐるぐー／25歳／会社員／未婚）

★吉原の場所がわからなくて失敗した話

吉原のソープランドに行きたくてお店をネット検索していたら偶然、見かけた自分好みのHちゃん。風俗年齢22歳。

運命と決め付け、お店の場所を探すのだが、ホームページにはお店の電話番号しか書かれていない。お店の地図がない……。

しかたなく「お店の名前」「地図」「マップ」といろいろ検索ワードを並べてみても、わかりやすい地図が出てこない。

そこで、iPhoneに聞いてみた。

「Siri、吉原のこと教えて?」

すると「吉原」とは、ソープランドのお店が並ぶエリアだというのがわかったそうです。住所でいうと、台東区千束4丁目あたり。

地方在住のぐーぐるぐるぐーさんは、新宿、五反田、鶯谷、池袋……のように駅があり、吉原駅もあるのかと思っていたそうで、意識的に吉原駅を探していたとか……。

Ｓｉｒｉは風俗にも精通しているので、性的にも成熟しているようです。

▼風俗先輩からのアドバイス

実は私も吉原取材へ初めて行ったとき、迷ってしまいました。

一般的ですが、電話（ネット）予約をする吉原利用客には、店員さんは「送迎（無料）をご利用されますか？」と聞いてくれます。指定された（または指定した）最寄り駅で待っていれば、黒塗りの高級車（イメージ）が迎えにやって来ます。

おもに最寄り駅は、

ＪＲ山手線なら**「上野」「日暮里」**

銀座線なら**「田原町」「浅草」**
東武線なら**「浅草」**
地下鉄日比谷なら**「入谷」**
つくばエクスプレスなら**「南千住」**

あたりをお店の店員さんから指定されます。
「いきなり電話予約なんてドキドキしてできません！」「お店で顔写真を見るまでは予約なんかできるか！」という方は、事前に吉原ソープエリア散歩でもしてみてはいかがでしょうか。
ちなみに、タクシー利用だと最寄り駅から、だいたい１０００円前後くらいです。

ご存知かと思われますが吉原エリアは、江戸時代は幕府公認の遊郭、昭和21年から昭和33年まで警察公認の赤線でした。

だから周囲を見渡しながら少し歩くだけで、建造物、石碑……など、歴史なども感じられます。

吉原ソープエリアでは、路上での呼び込みが厳しく禁止されています。見回りパトカーとすれ違う確率も高いです。

しかし、呼び込みはいます。気を付けてください！

マンションヘルスに誘導される確率高し……。

吉原ソープエリアの目印は、

「よし原大門」
「仲之町通り」

ちなみに、吉原ソープエリアには「18歳未満お断り」「女性お断り」の札が下がっている喫茶店が10軒近くあります。昔は情報喫

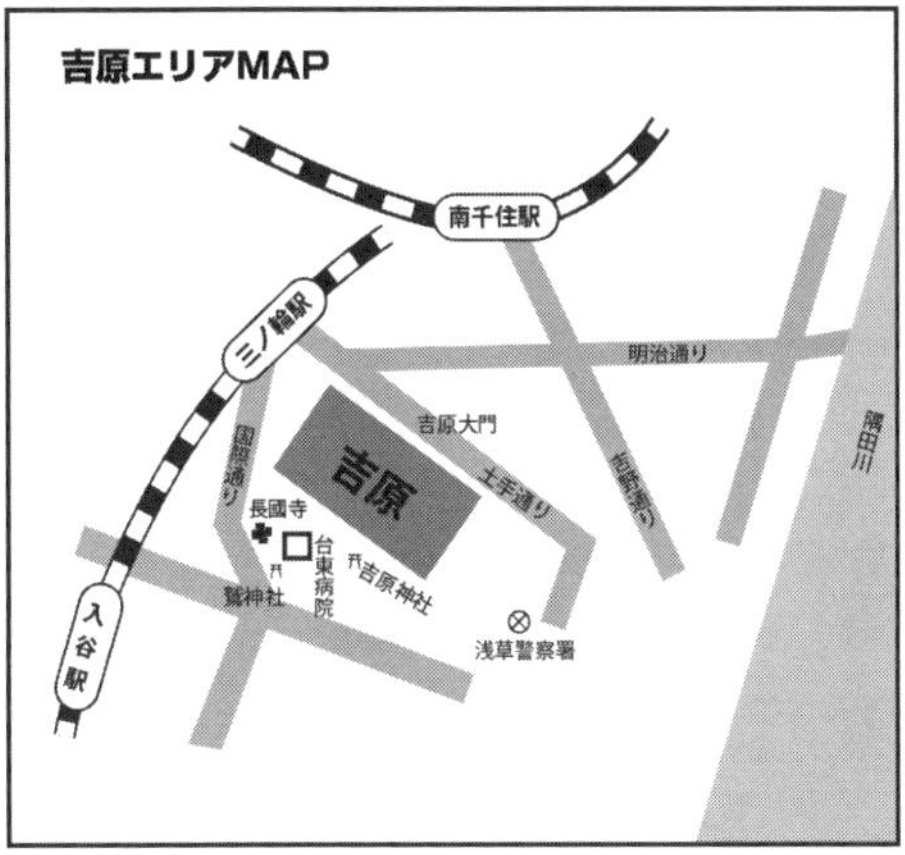

茶と言われていた、いわば吉原ソープエリアの無料案内所です。飲み物を運んでくる店員さんに好みの女の子、予算……などを告げると客の希望したお店を紹介してくれます。この喫茶店に入るならば、できる限りネット情報も仕入れ、店員さんと交渉することをお勧めします。

吉原ソープは原則深夜0時までの営業となり、最終受け付けは22時～23時あたりです。また、早朝営業は原則朝6時からとなっております。

文化とは継続なり。

吉原遊郭のあった東京でも特別な場所、吉原で令和の風俗ライフをエンジョイしてくださいね。

（お答え人／桃山みか）

★失敗談 12手

社内でのあだ名は「歯糞魔人」。上司と一緒に風俗へ行った結果……。

（PN：巨大イボ痔／33歳／公務員／既婚）

★待合室で失敗した話

巨大イボ痔さんの話によれば、普段から肩にフケがヒマラヤ状態、真顔になれば鼻毛露出、笑えば歯糞だらけ。しかも脱ぎ捨てた靴下は投げ捨てれば壁に張り付くとか……。

他人事ながら不潔極まりない上司は、42歳の係長。

あまりお近づきにはなりたくない人なのだが、風俗好きということもあり、たまに一緒に風俗へ行く上司と部下の関係だそうだ。

先日、一緒に行ったソープランドで、3名ほど客のいる待合室で、係長は会社の新入社員よりも若そうな店員に、

「お客さん、困りますよ、爪!」

と注意され、爪切りで爪を切らされていました。

周りの客たちも失笑していたとか。

▼風俗先輩からのアドバイス

風俗嬢さんたちの最も嫌うお客は**「不潔な人」**です。

取材した2000人近い風俗嬢さんの中には、チンカスこってり不潔客の臭いが性癖的に興奮するらしく、「綺麗にしてあげたい」という母性が働く……なんて、お掃除好きな人もいましたが、多く（90%以上）の風俗嬢さんは、不潔客はNGでした。

ちなみに、「不潔」と「ダサいファッション」は違います。

ファッションセンスは、ダサくても全然OK！

なかには身だしなみで「このお客はお金を持っていそうだから（常連客になりそうだから）、サービスしちゃうわ」なんて計算高い女性もいましたが、とにかく**「清潔感」**第一です。

私の知る風俗ライター、風俗体験漫画家さんたちは全員パンチ・ンで、行く前は、必ず入浴して香水を付けていきます（普段は、徹夜、徹夜の日が多く、まるでゾンビのようですが)。

最近の若い風俗取材人は、全身剃毛をする人もいるそうです(清潔感が前面に出ていると取材もスムーズだそうです)。

でも、剃毛しても伸ばしたままはNGですよ。チクチクして痛いですから。剃毛するならしっかり剃毛しましょう。

そして、これだけは声を大にして言いたいですね。

風俗遊びは相手があってこそ!

相手の気持ちを思いやり、まずは清潔感丸出しで行きましょう。

でも万が一、うっかりしていてお店の人に注意されたら、お店のルールに素直に従いましょう。

大人の遊びだからこそ気持ちよく、楽しんでください。


(お答え人/桃山みか)

★失敗談　13手

誰もいない待合室で30分以上待たされた俺。その理由とは？

（PN：空気男爵／35歳／公務員／既婚）

★待合室で失敗した話

世間がワールドカップ（サッカー）で盛り上がっている中、まったくスポーツに興味のない空気男爵さんがヘルスへ行ったとき、誰もいない待合室にひとりポツンと30分以上待たされたそうです。

しかも店内の薄い壁の向こうから従業員と女性のたちの声が⁉

「あぁ～～～、おしい」
「行け、行け」
「ほ、本田ぁ～～～」

そんな男女の燥ぐ声が聞こえてきたそうです。

他人との波風を立てないことをモットーとしている空気男爵さんは、スマホで『ポケモンGO』を静かにプレイしていたそうです。

▼風俗先輩からのアドバイス

確かに、やる気のないお店もあるなんて話を聞いたことがあります。女性だってやる気のない子はいます。

せっかくお店側が売りだすためにスポーツ紙、出版社にお金を支払い取材を入れたのにもかかわらず、これはというPRもなく、終始か弱い声で、「はい」ぐらいしかつぶやかない。

正直……取材しづらいです。

場所、環境にも左右される風俗店、あくまでも私が聞いた噂話ですが、経営が悪化しているお店は、オーナーがお店のナンバーワン女性だけ（あるいは主要人物たち）を引き連れ、別の場所で開店し、残された従業員、女性たちと給料未払いで揉めているケースもあるようです。

オーナーとお店のナンバーワン女性がいなくなったら、従業員やほかの女性たちは不安ですよね。今までの労働賃金がきちんと支払われるか、心配で働いて場合ではありませんよね。

もしかしたら、そんなお店に行ってしまったかも……。

できれば、お店のホームページ、女性たちのブログ、写メ日記などがこまめに更新されているかチェックしてから、お店に行ったほうがいいのかもしれません。ご参考までに。


余談ですが、風俗業界には、大雨、台風の日など、街が閑散とした日に店に行くと、客が少ないせいでサービスがいいという噂があります。

知り合いの編集者さん(44歳、既婚)の話は、以前、台風の日に行ったら店員さんに「女の子が暇しているので3Pしちゃってください!」と勧められ、基本料金だけで3Pを楽しめたそうです。


(お答え人/桃山みか)

★失敗談 14手

私がハマった風俗嬢は
なんと19歳!!
でも3回続けて……。

（PN：甕覗パンツ／60歳／管理栄養士／既婚）

★風俗にハマり過ぎて失敗した話

19歳の風俗嬢に耽溺しまった甕覗（かめのぞき）パンツさん。太客（多額な金を使う客）となり、毎週のように19歳に会いに行っていたところ、ここ最近、3回続けて当欠されてしまったそうだ。

もしかして……私は避けられているのでは？

彼女への思いに悶々としながら、眠れない還暦の日々を送っているそうだ。

▼風俗先輩からのアドバイス

心弾ませ会いに行ったら直前キャンセル。これは心折れる……。情熱と傲慢に身を焦がした我が闘争が黒い渦に巻き込まれるかのように、その場で立ち尽くすのみである。

取材という立場からでも当欠はあるのだ。

当日、取材する予定だったA嬢。当日になって体調不良、無断欠席、二日酔いなどの理由で取材に応じられず、オーナーが直々に対応してくれたり、別の嬢が請けてくれたりしたことが、数回あった。

風俗店には、当欠すると罰金制度があるお店や、当欠が頻繁にあるような女性は、本人がお店に着いてからではないと予約が取れないシステムのお店もあるようだ。

プロ根性なしと容赦ない目を向ける人もいるだろうが、風俗嬢を取材すればするほど肉体や精神を軽視すべきではないと感じる。

休むときには休む。

金銭的にも心配なく休める。

それこそが労働者の本来のあるべき姿なのだろうが、はたしそんな環境が風俗嬢にはあるのだろうか……。

それにしても連続3回続けて当欠とは……。同年代として応援したいところではあるが、目的が会うことなら考えどきではないだろうか。相手の気持ちを思いやり、さらなる沈思黙考する時間が欲しいものだ。

私の場合、この世の中で一番美しいものは、「片思い」だと思っている。片思いの相手を思っている瞬間こそ美しく、そして思われていることに気づかない相手はさらに美しいものだ。

最高の快楽は、相思相愛の女性を抱くことではなく、初恋の人に似た風俗嬢を抱くことなのだ！

（お答え人／せんず利助）

★失敗談　15手

待合室に貼られた
数人の顔写真。
その中に……。

（PN：血の轍／24歳／製造業／既婚）

★お店を出禁になって失敗した話

血の轍さんによれば、自宅近所のヘルスの待合室に**「出禁」**になった人たちの顔写真が、見せしめのために貼られていたとのこと。何気なく目を凝らして見ると……なんとその中に、自分の顔によく似た顔が⁉

「オヤジ！ ヘルスで何やったんじゃ？」

▼風俗先輩からのアドバイス

「出禁」とは、お店のルール、規約などを破ったり、マナー違反をした客に対してペナルティを与えること。出入り禁止のこと。通称「出禁」。

主なケースとしては、本番（挿入）行為を強制したり、暴力、盗撮、ストーカー行為……などが挙げられる。

大手グループ店では、ひとつのお店で出禁を食らうと、同時にそのほかのグループ店も出禁になるケースもあるからご注意を！

ここで、わしの恥ずかしい話をひとつ。

１９８０年代。わしは編集部から風俗代金を受け取り、超激安店などへ行って、「こんなに悲惨な目に遭った！」という体験漫画を描いていた。

まだ若かったわしは、いままでにない風俗体験漫画を描いてやろうと、取材日直前まであるプランを考えていた。

プランとは「入浴中にソープ嬢の前でおしっこをしたら、彼女はどんなリアクションをとってくれるかな？」というものだ。

取材先のソープランドへ着き、個室に入る前に「お手洗いは大丈夫ですか？」とおしっこを勧められたが、わしは断った！

そして個室に入り、全裸になってバスルームで仁王立ちの状態でおしっこを発射!!

じょんじょろりぃ〜ん

するとそれまでにこやかだったソープ嬢の顔が急変、すぐさま備え付きの電話で従業員が呼ばれ、2人の男がなだれ込んできた。

取材目的だったことをしどろもどろで告げ、その場はバスルームの掃除だけで許されたものの、一般客ならたぶん「出禁」だったと思う。取材だからという甘えもあったが、とにかく従業員に睨まれ、めちゃめちゃ怖かったことを今でも覚えている。

出禁にならないよう「お店のルール」「人としてのマナー」はきちんと守って、楽しく遊んでください。

（お答え人／コモエスタ神楽坂）

★失敗談 16手

初めてソープランドへ行った結果……。

（PN：裏切られた青年／24歳／大学院生／未婚）

★利用料金を知らず失敗した話

裏切られた青年さんは、入浴料1万円を持って初めてソープランドへ行ったそうだ。後払いでソープ嬢に支払うサービス料も必要だということも知らずに……。

しかたなく残金額は、電話をして親に届けてもらったらしい。

これはさすがに気まずい……。

▼風俗先輩からのアドバイス

ソープランドの料金（総額）は、店・風呂の利用料金である入浴料金と、ソープ嬢に支払うサービス料があるのが基本です。

たとえばソープランドの場合、

入浴料＋サービス料＝総額

が利用料金になるわけだ。

おおまかだが一般的に、サービス料は入浴料の2倍（〜3倍）と言われていて、入浴料が7000円ならサービス料は14000円が目安になるので、総額は21000円程度になる。

もちろん、プレイ時間の違いで料金は変わる（指名すれば指名料。入会金が必要なところもある）。注意すべきは、店の紹介に入浴料金しか書かれていない店もあるので、店員に**「総額はいくらですか？」**と聞いてみよう。


わしの場合も、友人、知人がいないので、絶対に風俗店でお金が足りなくなると非常に困る。

ちなみに、風俗別に利用料金が幾らくらい必要か見てみよう。

ピンサロ………3000円〜8000円

セクキャバ……5000円〜10000円
ヘルス………12000円〜18000円
M性感………12000円〜20000円
デリヘル………15000円〜30000円
ソープランド…25000円〜40000円

もちろん、プレイ時間にもよって料金は大きく変わる。

そのほかにも、オナクラ、おっパブ、イメクラ、ちょんの間、SMクラブなどなど、風俗の種類によって予算（総額）は違ってくるので注意するべし。

風俗遊びをする際は、事前にある程度情報を集めてから行ってちょうだいね。


（お答え人／コモエスタ神楽坂）

★失敗談 17手

温水〇一似の男に付いて行ったら……。

（PN：人妻おっぱい／36歳／営業職／既婚）

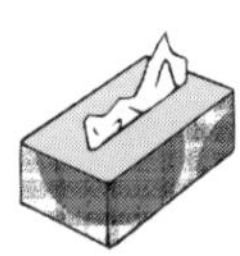

★客引き・呼び込みでの失敗した話

入店しようと思っていた風俗店の入り口前で、温水○一似の男性が、こんな感じに声を掛けてきたそうです。

温水「予約ですか？」
私「飛び込みです」
温水「いま、うち2時間待ちですよ」
私「えっ、マジですか……」
温水「うちのグループ店がすぐそこにあるんです」
温水「よかったら案内しますよ」

風俗店の入り口前に立っていたので、てっきりお店の人だと思い込んでしまった人妻おっぱいさん。

温水「お仕事のお帰りですか？……ごくろうさま」
温水「なんでしたら10代の娘も紹介で来ますよ」
温水「元地下アイドルをやっていた子もいますよ」

別のお店に着くまでの間、途切れなく話しかけてくる温水。そして、お店の前に着くとその男は、

温水「受付の店員に『外の○○から』って言ってよ」
温水「すぐに案内してくれるから」

「店内で払う必要ないから」という温水にうながされ、その場で紹介料なんたらの3000円を支払い、スッキリしない気持ちのまま2階にあるお店へ。受付で静かに店員に、

私「外の○○さんからの紹介なんですけど……」
店員「はぁ？」

店員は何も聞かなかったかのように、すぐに案内できる女の子2名の顔写真2枚を見せてくれたそうです。

右が「ゴーヤ顔」
左が「ジャガイモ顔」

まさに、究極の選択……。無人島に行くつもりで、巨乳だったジャガイモ顔を選び、50分コースで16000円を選択。温水○一に騙され30000円も支払ってしまったことが悔やまれ、気持ちよく射精できなかったそうです。

▼風俗先輩からのアドバイス

「結局、イッてるんかーい！」というツッコミはおいといて、客引き行為は「風営法（風俗営業等の規制及び業務の適正化等に関する法律）」や「迷惑防止条例」といった規制があっても、なかなか取り締まれないのが実情のようです。

ぼったくり店とそうではないお店の区別も曖昧です。連れていかれたお店がぼったくり店で、1杯ビールを飲んで15万円を請求され、警察に飛び込んだのですが、警察は民事不介入なんたらで、双方で解決してくださというだけだそうです。（詳しい人に聞いたところ、弁護士を立てて民事裁判を起こすのが最良だとのこと）。

それにしても、行きたくもないお店に連れられて行かれ、3000円は悔やまれる。

これは知人の話だが、旧友と2人ほろ酔い気分で夜10時ごろ池袋を歩いていたら呼び込みに声をかけられ、看板のない黒い扉のお店へ連れて行かれたそうだ。

店内にはお婆さんが2人席に着いて、ビール1杯ずつ合計2杯飲んだところで、どうにもここは雰囲気が怪しいと思いすぐに会計したところ、なんと2人で25万円。旧友は猛ダッシュで逃げ出し、ひとり取り残されたその知人は、店員たちに罵倒されながら、しぶしぶだが律儀に保健証を置いて、近くのコンビニでお金を下ろしに行ったそうです……。

歓楽街は甘い罠がいっぱいです。風俗道は地に足を付け、周りを見渡しながら注意深く歩んでくださいね。

（お答え人／アルバート・イヤロル）

★失敗談　18手

うだるような暑さの中、おっパブに行った結果……。

（PN：乳頭帽子／25歳／歯科衛生士／未婚）

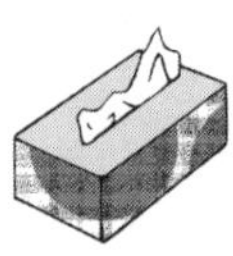

★おっパブで失敗した話

ある猛暑の日。乳頭帽子さんが、おっパブ（おっぱいパブ）に行ったところ、乳首はヤニ臭いし、脇は酸っぱい……。

女の子たちのカラダは汗臭いうえに、客のおっさんたちの臭いまで染み付いていて、まったく楽しめなかったそうです。

▼風俗先輩からのアドバイス

「おっパブ」は基本、ヌキがないため、女性のバストに生お触りとディープキスできることが最大の特徴です（お店によってはキスNGのところや、下半身タッチOKなところもある）。

都内のI界隈にあるおっパブは、一時期、金・土曜日ともなると、お店の外まで行列ができていたほど人気でした。

風俗でもハードな行為がないため、女の子側に風俗で働いている意識が若干低く、デリヘルやソープなどに比べると若くて可愛い女性の多い職場であることは確かのようだ（と、言ってもデリヘルやソープなどに若くて可愛い女性がいないわけではない）。

私が取材したおっパブ、セクキャバ、ピンサロでは、接客が終わるたびに除菌ウェットティッシュ、ボディシートでお客が触ったであろう場所を拭いたり、歯磨き、イソジンやリステリンなどでうがいを必ずしていました。

ちなみに、お客さんにも店内に入る前にアルコールによる手洗い、爪のチェック、うがいなどを義務付けているお店もあります。

私見ですが、グループ店や人気店は衛生面はしっかりしていると思います。

あまり活気のないお店では、入口にポンプ式の消毒用エタノールが置かれているだけで、店員に何も言われないなんてところもあります。

乳頭帽子さんのように失敗しないためにも、衛生管理が行き届いているお店かどうかをチェックするのも重要です。

余談ですが、知人の巨乳好き風俗ライターEさんが、プライベートでおっパブへ行ったときのこと。調子に乗って女の子のアナルに中指を挿入したところ、驚いた彼女が括約筋を閉めたまま腰を捻りお尻を「ドスン！」と下ろしたために、中指を剥離骨折したことがあるそうです（笑）

おっパブ、セクキャバ、ピンサロ……。店内の怪しげな雰囲気に飲まれてしまい、ついハメを外してしまいがちですが、風俗は**「ルールある大人の遊び」**だということもお忘れなく！

（お答え人／桃山みか）

★失敗談　19手

VR系風俗店なのに
オナクラ嬢が
カワイ過ぎて……。

（PN：半額汁／24歳／フリーター／未婚）

★ＶＲオナクラ店で失敗した話

仮想現実を楽しもうと、ＶＲオナクラ店へ行った半額汁さん。

ＶＲ趣味は痴女系映像が好きなのだが、実際の女の子はカワイイ系が好みで、接客してくれたオナクラ嬢が可愛過ぎたため、ＶＲそっちのけで女の子を見ながらイってしまったとのこと。

ＶＲオナクラ店へ行ってリアル嬢でシコり、その姿を見てもらいながらイク！

そんなイキな遊びこそ、風俗なのだと思います。

▼風俗先輩からのアドバイス

全裸姿になってＶＲ（バーチャルリアリティー）専用ゴーグルを付け、仮想現実映像を見ながらオナクラ嬢にイかせてもらう、最近流行りのＶＲ系風俗。

実のところ、一般的な風俗は風俗嬢の容姿が重要になるのだが、ＶＲ目的のお客さんを相手にする風俗嬢はあまり容姿は関係ないと言われています。しかし、実際は高額なバイト料や基本は脱がなくてもいいということで、ＶＲオナクラ店にも若くて綺麗な女の子が多く在籍するという話も聞いたことがあります。

過激になる前のオナクラ店も若くて綺麗な女の子が多く在籍していて、一時期、話題になったこともありました。

そのうちラブドールも仮想現実も、そして目の前の現実だって、まったくわからなくなるかもしれない。

新しもの好きや性病の心配もなく、定額料金（接客嬢がオナグッズ、手コキサービスをしてくれて15分から30分程度で５０００円から７０００円程度）で楽しめるため、若い世代に浸透しているＶＲ関連風俗店。

そのバリエーションも増えていて、ＶＲだけが体感できるお店

（1時間約500円、オナホールを受け取り、ひとり個室で楽しむ）から、オナクラ嬢が接客してくれるお店、VRを見ながら性感マッサージを受けられるお店などもあります。最近では、VR店でありながら接客してくれる女の子のカラダ（生乳など）に触りまくれるお店も出てきているそうです。

痴漢映像を観ながら実際に女体を触る、有名なAV女優のエッチ映像を見ながら疑似セックスが体感できるなど、次世代通信時代が到来すれば、風俗業界も大きく変化するかもしれない。

裏ビデオの存在がビデオデッキの普及に貢献したように、5Gによる仮想現実世界の実現で、ニュータイプの風俗店と風俗ファンが劇的に増加するのではないでしょうか。

精巧なリアルドール。AIによる会話機能。遠隔射精……。そんな近い未来を考えながら夢精で果てても、夢は果てしないのだ。

（お答え人／桃山みか）

あなたはどのタイプ？

ＡＶ撮影の取材へ行くと、いろいろなち○こを見ます。某ＡＶ女優さんは「ち○こは男の履歴書」と言い、「ひと舐めすれば男の器がわかる」と豪語していた熟女風俗嬢さんもいました。さてさて、あなたのち○こは、どのタイプ？

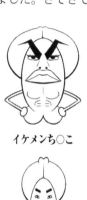

イケメンち○こ

剛毛ち○こ

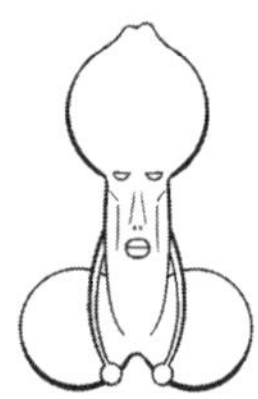

異端ち○こ

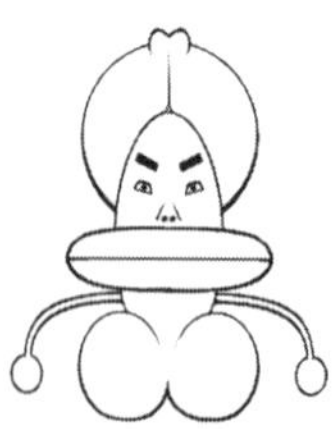

平凡ち○こ

カリデカち○こ

まがりち○こ

ねじれち○こ

皮付きち○こ

ほそち○こ

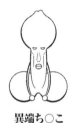

失敗談から学ぶ
風俗の教科書

風俗の基礎知識

風俗店・風俗嬢選び 編

入店・待合室 編

プレイ前 編

プレイ中 編

プレイ後 編

帰宅 編

★失敗談　20手

デリ嬢と駅前で待ち合わせ。ラブホに入る瞬間……。

（PN：孫にゃんこ／47歳／営業職／既婚）

★デリ嬢との待ち合わせで失敗した話

夜の9時過ぎ。駅前でデリ嬢と待ち合わせをした孫にゃんこさんは、歓楽街にあるラブホテルへ入ろうとした瞬間、ガラの悪い男性2人組に大声で叫ばれたという。

「よっ！ カラダ目当ての直球カップル‼」

そこそこ人通りがある場所だったために、かなり恥ずかしい思いをしたそうだ。

聞けばそのときのデリ嬢の姿は、体形まるわかりのピチピチで原色イエローのスリット入りワンピースで、かなり目立っていたらしい。

待ち合わせ型デリヘルでは、店員にひと言「清楚な格好で来てください」など、リクエストするのはＯＫだ。

取材で聞いたところによると、「ミニスカートで来てほしい」というリクエストも多いとか。

▼風俗先輩からのアドバイス

デルヘルには、デル嬢がお客のところに来てくれる「派遣型」と、デリ嬢と外で落ち合って一緒にラブホテルなどへ行く「待ち合わせ型」があります。

「待ち合わせ型」の最大の魅力は、ホテルまでの道中、手を繋いでくれたり、腕を組んだり(肩にオッパイの柔らかさを感じながら)して、恋人気分になれるということ。

オプションによっては、ノーパン、またはローターを仕込んで遠隔操作プレイを楽しめるお店もある。

ここでわしの待ち合わせ型ＳＭデリヘルでの体験談をひとつ。

待ち合わせ場所に現れたのは、黒のレザーボディコンにピンヒール、階段を上ればお尻丸見えであろうミニワンピース姿の身長172センチの女王様。

会社帰りの人通りの多い駅前で、わしは女王様に土下座で挨拶。

「本日は、よろしくお願いいたします！」

その場で犬用首輪と玉付口枷を付けられラブホテルへ……。

ご想像どおり、道行く人たちはドン引き。目を合わせないのはもちろんのこと、わしたちの周りを避けるように歩いていた（笑）

風俗の本当の楽しさは、恥ずかしさが消えた先にあるのかもよ。

（お答え人／コモエスタ神楽坂）

★失敗談 21手

風俗店に入る勇気がなかったボクが取った行動とは？

（PN：皮むけぇ皮／26歳／IT関係／未婚）

★初めての風俗で失敗した話

風俗へ行きたかった皮むけェ皮さんは、風俗店に入るのがどうしても恥ずかしくて、なかなか行けずいたそうだ。

そこで思い付いたが、あるコスプレ。

帆前掛けとビールケースをネットで購入し、軍手を着けて、空きビンを回収しにやって来た酒屋風を装って入店。


「まいどぉ～」

さすがに店員にも失笑されたそうである。

▼風俗先輩からのアドバイス

誰もが悩む初めての風俗……。

取材中に「風俗には行きたいけど、風俗の基本的なことがわからない」というお客の話を幾度となく聞かされた。

取材したほとんどの人が友人なし、知人なし、社内でも信用できる人なし。まるで出版業界における私を見ているようだった。

彼らが言うには、風俗雑誌は履いて捨てるほどあるが、風俗へ行くまでのノウハウ、店員との電話でのやり取り、風俗店の入り方、待合室の様子、風俗嬢とのやり取り、プレイの流れ……、とにかく委細漏らさず書いてほしいと要望された。

言ってしまえば、衷心(ちゅうしん)から諮詢(しじゅん)できる他人がいないのだ。

ちなみに、風俗でどんなことをどこまで楽しめるかは、お店の種類によって違う。

たとえば、おっパブはお酒を飲みながら女の子のオッパイを触ることとキスまではOKだが、下半身を触るのは基本的にNGだ。

また、オナクラや風俗エステ店などはキスはNGで、手コキまでが基本。ピンサロはキスからフェラまで。デリヘルなどのヘルス系はキスから手コキ、フェラ、クンニ、パイズリ、素股までOKだが、本番はNGになっている。本番ありの基本的なプレイを楽しみたならソープランドへ行こう。

人の恥じらいを知り、謙虚さを知る皮むけェ皮さん。初めて踏み出す一歩は、誰もが怖いもの。勇気を出すしかないのだ。陰ながら応援しています。楽しい風俗ライフを！

（お答え人／せんず利助）

おやじ殺し女子大生ヘルス
店内のいたるところに落ちている…赤い玉

★失敗談　22手

デリヘル嬢と
ラブホへ行ったら……。

（PN：村上冬樹／55歳／出版関係／既婚）

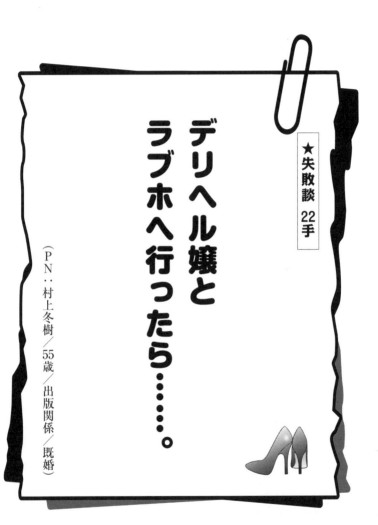

★ラブホテルで失敗した話

接客してくれた風俗嬢さんが、ちょっと鬱気味（素人判断だが、やたらとネガティブなことばかりを言ってくる）で、思わずフルチンのまま格好つけて「悩みがあるなら聞くよ」なんて言ってしまった村上冬樹さん。

ラブホテルを出るときには休憩タイムが宿泊になってしまい、手持ちが足りなくなったため、受付に免許証を置いて近くのコンビニで万札を下ろすハメになったそうです。

▼風俗先輩からのアドバイス

ラブホテルの料金制度ってわかりづらいですよね。

注視しないといけないのは、休憩、宿泊、フリータイム……、さらに曜日ごと、部屋ごとで料金が異なります。

大雑把に書かせていただくと、基本的には2名1室料金です（3

P、4P、乱交希望の方はフロントで申請してください)。
ラブホテルの平均料金は、1時間1500円~2000円、「休憩」は2~3時間だから3000円前後~4500円前後、「宿泊」は夜○時から朝○時までの1泊プランで平均6000円~10000円くらいです。「フリータイムまたはサービスタイム」は6時間~12時間、平均料金は5000円~8000円。料金は固定されています。一時期、ラブホ女子会、カラオケパーティーなどでも利用する人が多く話題になりました。
延長料金は30分で1000円~1500円(ラブホテルによっては延長時間10分に設定してあるところもあるから要注意です)。

余談ですが、知人のキャバ狂編集者さんは2年間通い詰め、オキニをようやく店外デートへ誘い出すことに成功。高級寿司を食べたあとに、キャバクラ嬢といざラブホテルへ。

チェックインは夜の10時過ぎで、宿泊料金は朝10時までで1万2000円。エレベーターを上がり、部屋のドアを開ける彼。しかし、彼女は部屋に入るなり、

「そうだ⁉ 明日の朝、お母さんが上京するんだった！」

惚れた弱みなのか、キャバ狂編集者さんは自分の中の狼を殺して紳士的に振る舞い、何もせず彼女のうしろ姿を見送ったとか。ホテル滞在10分で、料金は1万2000円……。たった10分でも「宿泊」で入ってしまうと料金は宿泊料金になってしまうので、ご利用の際はご注意ください。

（お答え人／桃山みか）

COLUMN

ラブホテル利用方法。チェックインからチェックアウト

ラブホテルの利用方法ってわかりづらいですよね。ということで、みなさんと一緒に「ラブホテルの入り方」を勉強してみましょう。

●システムと利用料金

ラブホテルの料金設定は、基本「2名1部屋料金」で設定されています。もちろん、ひとりで入室して嬢を待つことも可能です。3Pや乱交目的で使用する場合は、人数分の割り増し料金が発生します。

ラブホテルの入口に「休憩3時間4000円」と書かれていたら、4000円で3時間、部屋が利用できるということです。

支払う金額は、2人で4000円です（ビジネスホテルなどでは1人分の料金表記）。また、平日、土、日、祝日で料金が異なるのでご注意してください。

ラブホテルの利用設定は大きく3つあります。「休憩」と「宿泊」と「サービスタイム（フリータイム）」です。

3つの基本時間、基本料金はラブホテルごとに違います。基本時間をオーバーすると延長料金が発生します。毎15分ごと、毎30分ごと、毎1時間ごと……、こちらもラブホテルごと違います。

「休憩」

2時間～3時間。料金は、3000円程度～6000円程度。昼間の利用者のほとんどが休憩です。休憩するはずなのについ激しくなり過ぎて、延長料金バカ高にならないようにご注意を。

「宿泊」

料金は、7000円程度～1万円以上～。翌日の午前中まで利用したいカップルのための利用設定です。

たとえば「20時から翌10時まで8000円」と書かれていたら20時に入って翌10時までにチェックアウトすれば8000円、逆に深夜3時に入って早朝6時にチェックアウトしても8000円です。

「サービスタイム（フリータイム）」

料金は、4000円程度～7000円以上。一定の決められた時間内、長時間滞在したいカップルのためのシステムです。

たとえば6時から18時まで4000円ならば12時間滞在4000円ということになります。ただし、15時に入って18時にチェックアウトしても4000円、しかも18時以降も滞在すると通常の延長料金がかかりますのでご注意を。

●ラブホテルへの入り方

ラブホテルには駅前、歓楽街で見かけるタワー型と、地方や高速度道路インター脇で見かける車で出入りするワンガレージ型があります。今回はタワー型のみをご説明します。

余談になりますが、筆者は以前は車を持っていたのですが、マンション隣の集合駐車場に車を置いていたら、夏の深夜、車数十台、何者かに車体をボコボコにされてしまいました。以来、車を持つことをやめてしまったので昨今、車でラブホテルを利用することがなくなりましたのでご勘弁を。地域の治安が悪いのは困りものです。

タワー型ラブホテルの入口を入ると、すぐに各部屋を写真で紹介したタッチパネルがあります。まるで食堂の食券自販機です。受付のいるラブホテルでは、受付で顔の見えない従業員さんに、あとから女性が来ることを伝え、料金先払いをします。

すでに入室している部屋は、タッチパネルの明かりが消えています。各部屋（135頁へ）

COLUMN

ラブホテル利用方法。チェックインからチェックアウト

ごと広さ、設備、料金などが違います。安い部屋を選ぶと部屋が狭かったり、Ｗｉｆｉができなかったりするので要注意。

あまりオロオロ決めかねていると、カップルと鉢合わせしたりするので気を付けましょう。とくに地元だと、知人、元カノとバッタリなんてこともあるそうです。

タッチパネルで部屋を決めたら部屋のタッチパネルを押します。すると下から部屋のカギが出てきますので、目の前のエレベーターに乗って部屋まで行きます。一般的に待ち合わせデリヘル嬢などと一緒に乗ると、エレベータ内でキス、タッチをしてくれます。

●部屋に入り嬢を待つ

部屋に入ったら、まずはお店に入室したことを連絡しましょう。部屋番号を伝えたら、あとは嬢が部屋のドアをノックするまで待つだけです。

部屋の中にはムード作りのＢＧＭや照明などの装置がありますのでチェックするのもよし、ＡＶを見ているのもよしだと思います。

デリバリーエステ・性感・マッサージなどでは「先にシャワーを浴びてバスタオル１枚でお待ち下さい」と言われる場合あり。

●嬢が部屋をノック

フリーならばチェンジ（一般的に初回無料、２回目から料金が発生します）ができますが、指名の場合、チェンジはできません。

入室した嬢は軽い挨拶のあと、お店に入室したことを連絡をします。あとはプレイタイムです。

プレイ時間は嬢がタイマーをセット、あるいはお店側が嬢の携帯に連絡をしてくれるので、時間を気にせずプレイ時間だけ目いっぱい楽しみましょう。

●プレイ終了後

支払いは、部屋の中にある自動精算機で行います。なければ部屋の電話でフロントに退室することを伝え、下の受付で行います。

退室、チェックアウトは、落ち着いて忘れ物がないようにしましょう。意外と多いんですよ、忘れ物。

ちなみに、お店が紹介してくれるラブホテルは基本、カップルが入室しない風俗（デリヘル）に特化したホテルが多いです。

なるべくならお店が紹介してくれたラブホテルを使用したほうが、料金的に安上がりだと思います。

（文／桃山みか）

過激すぎるメイド喫茶
チーン
もげぇ
実は……
冥途デス★ヘルキッチン

ラブホテル利用料金一例

内容	利用時間	料金
ショートタイム	100分 5:00~24:00	3,500円
休　憩	3時間 5:00~24:00	6,000円
フリータイム	1部　5:00~17:00 2部 12:00~19:00	6,000円
宿　泊	1部 21:00~11:00 2部 24:00~13:00	9,000円
延　長	30分	1,000円

※金・土・祝前日は、宿泊料金+2,000円

★失敗談　23手

お店の女の子と店外デートを約束。下心ありありで行ってみたら……。

（PN：10坪4人家族／40歳／自営業／未婚）

★店外デートで失敗した話

風俗嬢の中には、保険会社関係や不動産関係で働く女の子が多いという噂（都市伝説）はよく耳にします。

10坪4人家族さんも、お気に入りの風俗嬢さんがいるお店に通い詰め、店外デートの約束をゲットして、いざ待ち合わせ場所へ！

まずは喫茶店で軽くお茶。するとその風俗嬢さんは、鞄の中から大きめの封筒を取り出して、テーブルの上に保険の契約書を広げ始めたという。

「おお、これが噂の枕営業というものか⁉」

驚きと下心のせいで、勧められるまま保険に加入。しかし、その日は特に何もなく、ホテルにも行けずじまい。

次にお店へ行ったときにはその風俗嬢さんはいなくなり、保険の支払いだけが残ったとのこと。

保険はもちろん解約。掛け捨てタイプだったため、大損だったとか……。いやはや。

▼風俗先輩からのアドバイス

遊びに行ったのに副業の勧誘を受けるなんて、たまったもんではありません。その場で**キッパリと断れば問題ない**でしょう。

でもそれがお気に入りの娘だったりすると、悩みどころではあるかもしれません。気の弱いお客さんだと、その後のサービスに差しさわりがありそうで、強く言えないみたいですね。

風俗店のお客さんにもかなり取材していますが、お店の女の子から何かの勧誘を受けるのは、かなり珍しいことです。ほとんどないと言ってもいいでしょう。

ただ、同人誌やデジタル写真集などを制作している風俗嬢さんは意外といるみたいで、たまに私のほうから購入させてもらうことはありますけどね。

余談ですが、知人の女性風俗ライターさんは、ニューハーフヘルスへ取材に行くと、よく勧誘されるらしいです。

「あなたなら、この店でナンバーワンになれるよ」

だって（笑）

（お答え人／桃山みか）

男装麗人痴女
イメクラ
タ●ラヅカならぬ
チカラヅクプレイが人気
きっついプレイやなぁ
ヒリヒリ

★失敗談 24手

ピンサロ店で出禁になりました。

（PN：もんすとろサーモン／33歳／アパレル関係／未婚）

★やり過ぎて失敗した話

もんすとろサーモンさんは、とにかくドSな性癖。1週間ほど風呂に入らず甘酸っぱくなった玉金を、嫌がるピンサロ嬢の顔に押し付け、嗚咽させてしまったらしい。その結果、近場のピンサロ2店舗で出禁になり、今は反省しているとのこと。

▼風俗先輩からのアドバイス

ピンサロは厳密に言えば性風俗関連特殊営業ではなく、接客飲食等営業として営業しています。

セクキャバ、おっパブ……などもピンサロ同様、性的サービスがあるにもかかわらず接客飲食等営業です。

ピンサロの場合、基本的サービスはキスとフェラチオ（生フェラのお店、ゴムフェラのお店がある）。性病が怖いときはゴムフェラ希望と、店員か女の子に言えばしてもらえる（ハズです）。

また、多少のお触りはＯＫ。最も魅力的（？）なのは、性的サービスがあるにも関わらず、お財布にやさしいところではないでしょうか。だいたい30分で３０００円以下でも遊べます。

だからでしょうか、少し変わったお客が多いとピンサロ嬢たちから聞いたことがります。たとえば……。

ピンサロ嬢の鼻の穴だけを舐めに来る客。
真っ暗な店内で、懐中電灯を使って顔と股間を交互に照らす客。
勃起しないで、その場で放尿しちゃった客。
お触りもせず、ずっと森進一の顔マネをしていた客。
ピンサロ嬢そっちのけで周囲の行為を観ながら射精する客。
口だけ開いた全頭マスクを被れと強制する客。

……などなど。

ピンサロは形式上**「飲食店」**なので、飲み物が用意されています。飲み物には基本料金で飲めるものと、別料金になるものがあるので注意してください。形式上「風俗店」ではないにも関わらず、指名料金を取られるお店もあるので、よくチェックしましょう。

また、ピンサロは安く性的なサービスを受けられますが、衛生面に難点があります。なぜなら風俗店ではないため、店内にシャワーが設置できません。女の子がおしぼりでお客のち○こを拭く程度です。しかもお客の回転率が高いので、性病が蔓延しやすいとも言われています。

ちなみに、ボクもよくピンサロに体験取材しますが、1度も性病にかかったことはありません！

（お答え人／アルバート・イヤロル）

★失敗談　25手

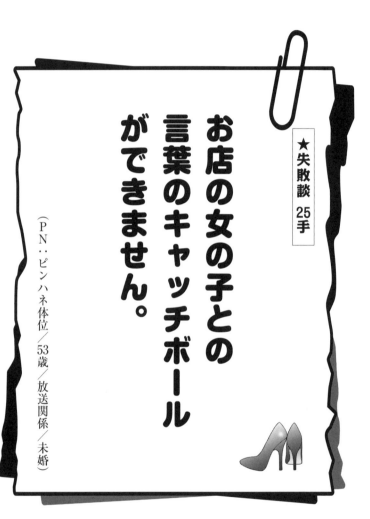

お店の女の子との言葉のキャッチボールができません。

（PN：ピンハネ体位／53歳／放送関係／未婚）

★女の子との会話で失敗した話

ピンハネ体位さんとデリヘル嬢の会話……。

デリ嬢「彼女、いないの?」
オレ「……モテないから」
デリ嬢「うそ、モテそうなのに」
オレ「オレの彼女になれる?」
デリ嬢「無理!」

斧を振り下ろしたように、ハッキリと「無理!」と言われたショックでピンハネ体位さんは、しばし茫然。その後のプレイにも影響して下半身はお通夜状態。気まずいまま射精させられ、ラブホテルの部屋を出ていったそうだ。

▼風俗先輩からのアドバイス

わしは昔、取材をスムーズに進めるために小ネタ（時事ネタ）を仕込んでいったこともある。しかし、どのタイミングで話せばいいか気になってしまい、いつも惨敗していた。

結局のところ、場数を踏むしかないような気もする。

参考のために、風俗嬢がよく切り出す会話を書き留めておく。

・優しそうな人でよかった。
・何かスポーツをしているんですか？
・今日はお仕事、お休みですか？
・お仕事は何をしているんですか？
・こういうお店はよく来るんですか？

だいたいこんなことを聞いてくるので、その答えを2、3個考えておくのもいいかと思う。
あとは、女の子に聞かれた質問と同じ質問を返してみるのもいいみたいだ。例えば……。

デリ嬢「普段、休日は何をしているんですか？」
あなた「〇〇〇してるかな。〇〇ちゃんは何してるの？」

……みたいな。
女の子の会話に合わせるよりも自分の得意な分野（エロいことに限らず、マンガやゲーム、アニメ、コスプレ、テレビ、映画、ユーチューブのオモシロ動画、ツイッターやインスタグラムなどSNSのバズネタ、車、旅行の話など）を恥ずかしがらず積極的にカミングアウトして、話題を広げてみてはいかがだろうか。

わしなんて風俗取材を始めて30年以上経つけど、いまだに緊張してうまく話せない。とくに10代、20代の女の子は自分の子供みたいな世代だから、何を話していいのか戸惑うばかりだ。ゲームはしないし、ファッションにも疎い。流行の歌はもちろん知らない。

基本は、笑顔を絶やさず、相手の話をよく聞いて理解し、尊敬を忘れないこと。そして、プライベートなことをしつこく聞かないことことだ。

こんな感じで接すればよろしいいんじゃないでしょうか。

所詮、お店の女の子との関係は、従業員と客。そんな人間関係にくよくよ悩まず、寝てスパッと忘れるのがよろしかろう。

そして、次の風俗店でオキニを探せ！

（お答え人／コモエスタ神楽坂）

COLUMN

ＥＤ治療薬を安価で欲しいなら ジェネリック医薬品がお得！

あくまでも試験ですが、ＥＤ治療薬のイメージは「家庭円満バイアグラ」「風俗取材レビトラ」「乱交パーティーシリアス」といった感じです。

すべてのＥＤ治療薬を服用したところ、一過性ですが、顔の火照りがありました。頭痛、鼻づまりなどほかの症状はありません。

それよりも困ったのは、普段は早漏なのになかなかイケないということです。相手にとってはいいかもしれませんが、体力のないわしにはキツイでござる（笑）

さて、ＥＤ治療薬をもう少し安価で購入できないかなと思っている人には、低価格ジェネリック医薬品というものがあります。

・バイアグラジェネリック医薬品

バイスマ、スーパーバイスマなど。

・レビトラジェネリック医薬品

バリフ、レビスマ、ジェビトラなど。

・シリアスジェネリック医薬品

ガリス、タダリス、タドラ、タダチップなど。

ただし、ネット通販は偽物も販売しているので注意してください。

知人の風俗ライターさんはネット通販で見事、偽物を買わされ、服用したら「ち○こ以外」のところが硬くなったと言っていたので、わしは値段は高いですが必ず、クリニックで購入しています。

医師が、「10ｇをカッターで半分に切って服用しても効果はありますよ」と教えてくれたので、ケチケチ切って服用しています。

いまのところはバッチリ勃起します。

（文／コモエスタ神楽坂）

★失敗談　26手

おススメ上手なデリヘル嬢。お任せしたら……。

（PN：巨根ハムスター／44／公認会計士／既婚）

★お任せして失敗した話

優柔不断な巨根ハムスターさんは、おススメ上手なデリヘル嬢にお任せしていたら、なんとオプションだらけに⁉ ハメれなかったにもかかわらず、総額6万円近くも支払うハメになってしまったとのこと。

▼風俗先輩からのアドバイス

風俗では、基本料金だけで遊べる基本プレイと、追加料金（1000円～30000円程度）で遊べるオプションプレイ（お店によっては裏メニューなんてのも）があります。

オプションは、ヘルス、イメクラ、デリヘル、オナクラ……お店によっても違うし、風俗嬢さんによってもできるオプションとできないオプションがあります。

大まかに説明すると、

着衣系オプション……パンスト、セーラー服、スクール水着などを身に着けてくれる。

道具系オプション……電マ、ローター、足枷、アナルバイブ、猿轡など用いる。

行為系オプション……顔射、聖水、即尺、イマラチオなどのズバリな内容。

そのほかも、**写メ、動画撮影、店外デート**などがオプションに含まれるお店もあります。

しかし、実際は追加料金を支払ってオプションを楽しむお客は少ないようで、理由はオプション目当ての人たちは、専門店やフェチ系風俗へ行ってしまう確率が高いから。

また最近では、交通網が便利になったということもあり、東京周辺の風俗店の中には都心エリアではオプション代がかかる内容を基本プレイにしてサービスすることで、来客を促しているお店も増えいるようです。

一時、JKリフレで話題になった裏オプション（手コキ、フェラ、本番など）も、マッサージ店やエステ店などでも行われているとかいないとか。

昨今は、性癖ごとにピンポイントで狙った風俗店も少なくありません。

是非、自分の性癖にビビビとくる風俗店を探してみてください。

（お答え人／桃山みか）

オナニークラブ
スコースコ
サルと呼ばれた
常連客が大出世――――!

★失敗談　27手

女装をしてみたら目の前に○○が立っていた。

（PN：きのつら☆ゆき／36歳／医療関係／未婚）

★初めての女装で失敗した話

女装の仕方をレクチャーしてくれて、さらにM性感まで楽しめる女装専門デリヘル店（90分2万5000円前後）へ初めて行った、きのつら☆ゆきさん。

メイクをバッチリされて、ウィッグを装着。女性用の下着を着けて鏡の前に立ってひと言。

「かっ、母ちゃん‼」

あまりにも母親に似過ぎていて萎えてしまったそうです。

▼風俗先輩からのアドバイス

わしの場合は、どうメイクされても男顔だし、取材でメイクの様子を男性編集者がずっと写真撮影していたので、余計に萎えた。

30年近く風俗体験取材をしているけど、やはり劇的に増えたのは、M性感やニューハーフ系男の娘風俗などの女装専門店の取材。男の娘カフェ&バーも増えている。最近は、M性感、ニューハーフ、熟女、M性感、ニューハーフ、男の娘……からのM性感。こんな感じのローテーションで、毎月お店を取材している。

とにかくM性感の取材が激的に増えたおかげで、わしのお尻の穴はボロボロ。驚いたときなんか、しばらくお尻の穴が開きっぱなしのときがあるよ、マジで。

性癖は、妻や彼女には曝せない本当の自分。

女装姿が母親似だっていいじゃない、人間だもの。

メイクの上手な女装系風俗店が見つかりますように……。

（お答え人／コモエスタ神楽坂）

COLUMN

女の子にもメリットがある？ 人気の有料オプションは○○系

有料オプションは女の子にも大きなバックが期待できるということで、最近人気があるのが、プレイ中の行為をスマホやデジカメなどで記録する「撮影系オプション」。

お店や女の子によって、私服撮影、写真枚数、映像時間、コスプレ、顔出し、機材などかなり異なりますので要確認です。

1度取材で体験した某風俗ライターさんは即日病みつきになって、プライベートでも「撮影系オプション」店ばかり行くようになったとか……。

「帰宅して、また映像を見てのシコシコは、普段のシコシコの10倍快楽マシマシィ～！」とのこと。

ちなみに、彼氏が彼女にエッチ映像を撮らせるときの一番の理由は、「会えないときもお前を思ってオナニーするから撮影させて」だそうです。

昨今、ネット上で元カノとのエッチを流出させる男も少なくないから、女性の方は気を付けてください。

話はオプションから外れてしまいましたが、とにかくお店ごとに10～30程度のオプションがホームページに表記されています。

風俗は相手との信頼関係で成り立っている大人の遊びです。彼女や奥さんには見せられない性癖を正直に風俗で爆発させましょう。

ＰＳ　ひとつのオプションの値段は無料から５０００円程度です。

（アルバート・イヤロル）

★失敗談 28手

風俗嬢が年齢をサバ読みするのは、アリ？ ナシ？

（PN：チソコマソコ／50歳／会社員／既婚）

★デリヘル嬢見た目に騙されて失敗した話

21歳って紹介されていた、あるデリヘル嬢。ホームページの写真で見た感じ、小柄で可愛い系の衣装だったのでお願いしてみたところ、実際に会ってみるとその見た目になにやら違和感が……。

あきらかに40過ぎてるだろ?

チソコマソコさんが期待していたのはロリ系女子だっただけに、しょんぼりち○このまま90分のプレイ時間を過ごしたそうです。

▼風俗先輩からのアドバイス

風俗店はなぜ、風俗嬢の年齢をサバ読みするのか?
ひとつには、集客目当て。若い風俗嬢目当てのお店は実年齢より風俗年齢は下げ、熟女目当てのお客が多いお店では高めに設定されている。人妻系では結婚していないのに既婚者だという風俗嬢さんも少なくない（ストーカー防止のために、あえて彼氏や旦那が居るとしている人もいる）。

また、最も重要なのは風俗嬢さんたちの身バレ防止だ。たとえば、風俗嬢さんとお客さんとのあいだでストーカー事件などが起こったり、風俗嬢という職業だけで見下してきたり、暴力的になってきたりするお客さんもいる。

理解あるお客さんばかりとは限らない。それこそ身バレでもしたら大変だ。

年齢詐欺ではないのだが、その昔、S県の一軒家で親子どんぶりプレイで話題になってた母娘がいて取材に行ったことがある。なにぶん某エロ雑誌編集長の裏情報だったので、実の母娘としいうザックリとした情報しかない。熟女好きのわしは二つ返事で取材を申し込み行きましたよ。

田園風景の中の一軒家。まさかこんなところに風俗店がという場所に、その裏風俗店はありました。

玄関でベルを鳴らすと出てきたのは、50代くらいの小太りで笑顔の素敵な女性。わしは思わず「ラッキー」と心の中で呟いた。

居間に通され、そこにはピチピチお肌の20代の娘さんが待っている……のかと思いきや、なんと推定70歳後半と思われる50代女性のお母さんだった。熟女好きのわしでもさすがに腰が引けたわ。

全裸になったおふたりさん。50代女性のマン毛にはチラチラ白髪、お母さんに関しては熟女好きのわしでも嗚咽するボウボウ白髪。熟女好きのわしだから取材になったけど、一般のお客はさすがにしんどいのではと思う。

おふたりともパイパンにしていてくれたらわし、もっと弾けられたのに……。

弁護士サイトを見てみると、芸能人が年齢、アイドルがB・W・Hなどをごまかしても刑法では詐欺罪にはあたらないらしい。チソコマソコさんの気持ちもわからないでもないが、女の子の年齢のことはあまり気にせず、エロエロで楽しんじゃいましょう！

事前に好きなコスプレ衣装を用意して、着てもらうなんてのもしょんぼりちんちん対策になるかもです。

わしだけかもしれないが、セーラー服を着た四十路熟女さんといちゃいちゃすると、熟女さんが10代の少女に見えてくるから不思議……。

（お答え人／コモエスタ神楽坂）

風俗の基礎知識

風俗店・風俗嬢選び 編

入店・待合室 編

プレイ前 編

プレイ中 編

プレイ後 編

帰宅 編

★失敗談　29手

心弾む初体験の相手。ソープ嬢に言われたある言葉とは？

（PN：火の玉素股／40歳／IT関係／未婚）

★初体験で失敗した話

火の玉素股さんの初体験の相手は、格安ソープの四十路ババアだったという。

そのババアは、プレイ中はほぼマグロ状態で、

「そっちの穴じゃねぇーよ！」
「ったく、そっちの穴じゃねーよ！」

まるで工事現場の肥満体監督が指示するように、口から出る言葉は、

「そっちの穴じゃねぇーよ！」

ばかり。

20年前の出来事なのに今でも夢に見ることがあるほどだとか。

▼風俗先輩からのアドバイス

ひと昔前は、風俗で初体験なんてカッコ悪いなんて言われていた。というより、マスコミや世間が作り上げた消費者購買運動思想、車に乗ってデートして、結婚、子供を作れば幸せみたいな平均的幸福感幻想が蔓延し、風俗に行くのもどこかしら後ろめたい雰囲気があった時代もありました。

また、20代で童貞だとバカにされた時代でもありました。

しかし、今ではあまり初体験が早いからといって、そのことで人を見下すような人はいなくなったような雰囲気があります（一部ではいまだに童貞を見下す同性の方々がいるようですが……）。飲み会でも無理に酒を勧める輩がいなくなったように……。

ボクは風俗体験取材漫画家になったのが遅く、46歳を過ぎてから風俗デビューし、しかもその日が童貞喪失でした。ボクの場合、プレイ前に「童貞です」とはっきりと言いました。

在籍6年、34歳のソープ嬢の方でしたが、

「50歳、60歳の方でも初体験のお客さんも少なくないですよ」


と、軽蔑する様子もなく優しい言葉を掛けてくれました。

実際、取材する立場になり、その言葉に偽りなしと感じています。おかげで極度に緊張することもなく無事、SEXを体験することができました。

聞いた話によると、海外には童貞という価値観（重要視？）がないようです。「童貞」という差別用語（？）を意識せず、楽しんでみてはいかがでしょうか。

初体験をいつまでも胸に秘め、未来に進みたいと思われる人は風俗店の情報をできる限り集めて、素晴らしい筆おろし美人を見つけてください。

風俗体験取材漫画家として5年程度の実績ですが、体験上、グループ店とか、老舗のお店の熟女さんたちには年配童貞、あるいはボクのような奥手への偏見はありませんでした。

以前、雑誌企画で岐阜県のほうに、初喰い上手な風俗嬢さんがいて、引退した今でも年に1度、彼女のもとに筆おろしを受けたお客ばかりの集まりがあると聞きつけ、彼女を取材したことがありました。

「男性のオドオドした仕草に興奮するのよね、私」

だそうです。

セカンドバージンならぬ、2度目の筆おろし、期待しています。

ちなみに、男性でも童貞フェチという方がいて、自前の学生服を着て逆レイプ・プレイを楽しむお客も少なくないとのことです。

（お答え人／アルバート・イヤロル）

今日入店したばかりの
新人風俗嬢さん
楽なお客さんでよかった

★失敗談 30手

ク○ニしていたら突然のイビキ……。いったいなぜ?

(PN:高速ドリル舌/52歳/飲食店経営/既婚)

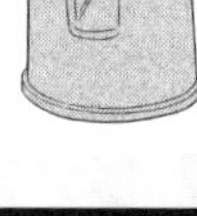

★ワケあり風俗嬢にあたって失敗した話

高速ドリル舌さんの話によれば、フリー入店で接客してくれたデリヘル嬢さんは、ベッドに横になりクンニを始めたら最初は、

「……ぁあっ」

なんて艶っぽい声を出していたかと思ったら、途中から、

「すぅー、すぅー」

……しまいには

「がぁー、がぁー」

気絶するように寝てしまったそうです。

あとで聞いたら、彼女さんは当日すでに5人も客をとっていて、しかも連続5日出勤の**出稼ぎ嬢**だったそうです。

▼風俗先輩からのアドバイス

一般的に風俗業界では、地方から都市部へ、都市部から地方へ短期間（泊まり込み）働きに行く「出稼ぎ」という仕組みがあります（ネットでは、出稼ぎ可能な風俗求人も見かけます）。

風俗嬢さんにとっては短期間でしっかり稼げる（保証金額も出ます）というメリットはありますが、お店側は短期間でしっかり働いてもらおうと思っているので、1日8時間（以上）、5日間連続、なかには1週間以上なんてこともあるようです。

出稼ぎ嬢さんも最初はしっかり働こうと思っていても、さすがに休みなしで長期労働させられるとイヤになりますよね。ただ暇店だと、暇過ぎることが問題でスタッフと揉めてしまい、まったくやる気のない出稼ぎ嬢さんに出会うこともあるそうです。

こういう場合は、とにかく事前にお店のホームページで、**女性の出勤表をチェック**するといいでしょう。

・オープンから17時まで
・遅番16時からラストまで

このどちらかのシフト出勤することを**「片番出勤」**、オープンからラストまでいる女性のことを**「オーラス嬢」**といいます。

一般的にオーラス嬢の場合、お金に困っているなどのネガティブな印象があります（なかには、お店の人気嬢ということもあるようですが……）。出勤表を見て、３日も４日もオーラスだったら「出稼ぎ嬢」さんという可能性があるかもしれません。

1日5時間、週4日でもとてもハードな職業と言われている風俗業界。3日も4日もオーラスだったらクンニ中に寝るかもです。

風俗店は基本接客業なので、店員さんに電話で問い合わせることもいいと思います。店員さんの受け答えによって、お店の教育がしっかりしているか、わかりますからね。

あとは口コミがあれば、口コミも参考にしてください。


余談ですが、かつて取材した出稼ぎ嬢Rさんは、G県から毎週、都内、他県の多忙店に毎週末3日間（片番勤務）出稼ぎして、地元の暇なお店で働くのは1日（片番）のみ。

金、土、日が出稼ぎ。月、火が休日。水が地元店。木が休日。それでいて、月収50万～80万だそうです。

Rさんの話では、性格的に出稼ぎに行くと仕事のON・OFFが切り替えが上手くようで、仕事も私生活も充実するとのこと。

お客さん、スタッフにも好評なので、とぎれることなく他店からもお呼びがかかるそうです。そんな出稼ぎ嬢さんもいました。

風俗嬢さんもいろいろな事情を抱えています。

エッチすることばかりに夢中にならず、ときにはまったりとお話してみるのもいいかもですよ。

（お答え人／桃山みか）

★失敗談 31手

黙って○○ガブ飲みさせろ!オプション料金を払ったのに……。

(PN:変態飛行エシュロン/49歳/地方公務員/未婚)

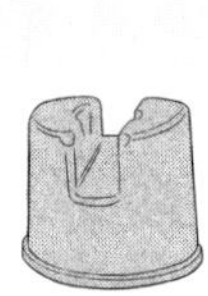

★オプションてんこ盛りで失敗した話

「ハッキリ断言します。ボクはド変態です！」と、力強く宣言された変態飛行エシュロンさん。お店のホームページを見て、放尿ＯＫ、電マＯＫ、顔射ＯＫと書かれていたので、各オプションに対し２０００円、合計６０００円も支払い（プレイ代別）、フリー指名した彼女とラブホテルに行ったら、

放尿……「おしっこ出ないぃ〜」
伝マ……「気持ち悪ぃ〜い〜」
顔射……「髪が汚れるから顔はやだぁ〜」

俺「えぇ〜〜〜！ オレはしょんべんかけられないとちんちん、カチカチにならんのやぞぉ」

開き直る彼女を横目にお店に苦情の電話をすると、

店「すみません、女性は繊細だから」

店「なんでしたら女の子、5000円プラスでキャンセルできますけど」

一般的にチェンジ料金は1回無料、2回目から2000円……。キャンセル料金は5000円以上必要。

俺「キャンセルでもチェンジでもないし、オプション代だって支払っているし、それでまた5000円支払うわけ?」

店「だから、彼女の体調もあるって言っているでしょ」

俺「バカにするな!」

ついつい大声になり電話を切ると、そのあとラブホの部屋で、

俺「黙って小便、出せや！」
俺「小便、ガブガブ飲ませろや！」

まるで飲まず食わずの追剥ぎのように大暴れしたそうです。

……ありゃりゃりゃ。

▼風俗先輩からのアドバイス

変態飛行エシュロンさんのお怒りはごもっとも。キャンセル料も納得がいきません。

ボクも数回、放尿専門店に取材したことがありますが、確かに体調によっておしっこの出が悪かった放尿嬢もいました。

聖水プレイの場合、**飲尿**、ペニスにかけてもらう**チン尿**、顔面

にかけてもらう**顔尿、壁に片足を上げての放尿、客が便器になる**……、などいろいろなパターン、バリエーション、立ちションスタイルは様々。

持参した小瓶に尿を並々入れてもらったり、下着類にかけてもらいビチョビチョなった下着類をも持って帰るお客も少なくないそうです。かなり奥が深い。

その昔、忘れもしません。お正月に大人のおもちゃ屋を取材したときに、一番売れる福袋は女性のポラ写真付きのおしっこ入り瓶だと聞きました。

昨今のおしっこ専門系風俗店はもちろんのこと、デリヘル、箱ヘルでもオプションとして必ず、放尿、飲尿があるということは、放尿マニアって実に多いんだなと感じます。

それにしても風俗嬢の放尿の量は、彼女たちの体調にもよりますし、困ったものです。

最近は、おしっこ、おもらし専門店も多くあります。是非、居酒屋をはしごするように専門店をはしごして、オキニの嬢を見つけてください。

一般的デリヘル店よりも、おしっこ、おもらし専門店の女性たちのほうが、おしっこの勢いがよかったです（私見）。

たまにおしっこしているときに、おならしちゃう女の子がいるけど、うちらの業界ではそれを、

無料オ（ぷ）ション

と呼んでいます。

（お答え人／アルバート・イヤロル）

★失敗談 32手

写真は白肌のもっちり巨乳さん。服を脱がしてみたら、驚きの光景が⁉

（PN：お道化虫さん／27歳／塾講師／既婚）

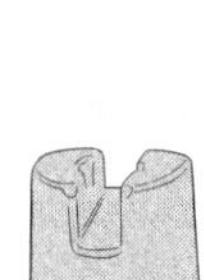

★女の子の写真で失敗した話

白肌フェチのお道化虫さんは、ホームページを見て写真からでもわかるもっちり白肌の巨乳Kさんをネット指名。股間を膨らませて、ラブホの部屋で待つこと10分……。

やって来たのは今時の化粧と髪型のKさん（風俗年齢26歳）。チョロリと我慢汁をこらえてKさんの服を脱がしたら、背中に大きく観音様の刺青が……。

俺「ええ、ホームページの写真に刺青なかったよね？」

嬢「あ、あれね。1年前の写真だから」

1年でそんな立派な観音様の刺青が彫れるのか……。

ワンポイントの刺青でも萎えてしまうほどの刺青恐怖症だったお道化虫さんは、最後までふにゃチンのまま。

嬢「私の背中の観音様を見ながらバックでイってほしかったのに……」

なんとか勃たせようと一生懸命頑張ってくれたいい娘だったけど、刺青を見るたび「あっちの社会」のことがチラついて、エッチどころではなかったそうです。

▼**風俗先輩からのアドバイス**

某風俗雑誌の編集長に聞いたことがあるのですが、もっとも多い風俗客は、妻子持ちの月イチ客。風俗雑誌のもっとも多い読者層は、40代サラリーマン。多く聞かれた読者の声に「風俗嬢に刺青があると萎縮してしまう」とのこと。雑誌でも表紙モデルの風俗嬢に刺青があると、売り上げにも影響が出るとか。

もちろん刺青大好きな風俗客も少なくないと思われるので（実際に刺青嬢ばかりを紹介した風俗サイトあり）、なんとも言えませんが、やはりお店の店員さんに確認したほうがいいと思います。

余談ですが、風俗嬢さんの立場から言うと、刺青客は極度に気を使うからドッと疲れるので勘弁らしいです。でも、金払いがよくて優しい人も多いから、刺青客ウエルカムだと言っていた風俗嬢さんもおりました。

在籍している女の子たちをしっかり把握している受付の店員さんなら、刺青をしているか、していないか、わかると思うので、受付の店員さんに聞くのが一番の対処法だと思います。

ただし、まったく把握していなくて曖昧に返答する店員さんもいるのでご注意を。

（お答え人／桃山みか）

★失敗談　33手

肩こりが酷くて入ったマッサージ店。妙に密着してくる女性が囁いた言葉とは？

（PN：きのこの里／42歳／公務員／既婚）

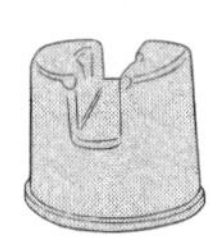

★普通のマッサージ店だと思って失敗した話

マッサージ店の看板が出ていたので、普通にマッサージをしてもらおうと入った、きのこの里さん。ところが、薄着のキャミソール女性に案内されたのは、なにやら妖艶な個室。

この時点で性的サービスのあるお店だなと少し思ったけど、受付ですでに60分8000円も支払っているから、いまさらお店を出るわけにもいかず、あきらめ気分で個室へ。すると案の定、紙パンツを彼女の見ている前で履くことになった。

肝心のマッサージといえば、ただ手を添えているだけ。そのくせ身体を、巨乳を、密着してくる。

必要以上にケツの穴を指でパフパフ広げてくる。

たまに耳元で吐息を掛けてくる。

完全に風俗店だと理解したきのこの里さんの下半身は、恥ずかしいほどカチカチ棒。10分ぐらい、手ぬるい添えるだけのマッサージが終わったところで、彼女がこんなことを言い出した。

「全裸2000円、フェラ3000円、素股5000円……」

結局、2万8000円も使ってしまったそうだ。

ってか、最後までイったんかい！（笑）

▼風俗先輩からのアドバイス

これは**「タケノコ剥ぎ」**と言われるぼったくりの手口。基本料金は安いが、服を脱ぐなど細い行為がすべてオプションになっており、最終的に高額な料金を請求されるというものだ。

最近、駅前やビル群の中に「女性がうつぶせで気持ちよさそうにマッサージされている写真」「リラクゼーション」「癒し」「楽園」

「アカスリ」などを謳ったマッサージ店をよく見かける。マンション内の一室でマッサージを営業しているお店も少なくない。
一時期、プライベートでアカスリやマッサージにめちゃめちゃハマっていた時期があり、あちこちのマッサージ店へ出かけていたことがあった。
ある日、看板に**「当店は風俗店ではありません」**と書かれていたので、受付で60分5000円程度支払って入店。女性スタッフに薄暗い個室に案内され、普通にマッサージを受けていたら案の定、女性がこんなことを言ってきた。

「もっといいことしますか?」

その頃はわしも仕事でかなり風俗慣れしていたので、キッパリと断ることができた。女性はこれまで断った客がいなかったのか、凄く不思議そうな顔していたのを覚えている。

「普通のマッサージ店かと思って入ったら風俗店だった」というシチュエーションでのアドバイスとしては、あたりまえだが、店内に入っておかしいなと思ったら受付で店員に尋ねてみるのが一番ですな。

しっかりとしたマッサージ、指圧を望まれているのならスマホで検索などして、事前に確かな情報を入手してください。大手マッサージ店なら、たいていホームページはあるようです。

これはかなり昔の話だが、知人の風俗ライターさんから「マッサージ店の看板の前で『お兄さん、マッサージどう?』と呼び込みをしている嬢を指名してあげると、個室の中でめちゃめちゃスゴいサービスをしてくれる」という噂（都市伝説）を聞いて、実際に呼び込みをしている女性を指名してみたことがある。

しかし、マッサージも手コキも普通で、盛り上がったのは最初の会話だけという残念な結果に終わった。
きのこの里さん、お互いはっきりと「NO」が言える大人になりましょう。

（お答え人／コモエスタ神楽坂）

きれいな蕾してるね
は…花が咲く前に実が飛び散りそうです

★失敗談　34手

プロフィールを信じて性感帯の「○」をペロペロしたら…。

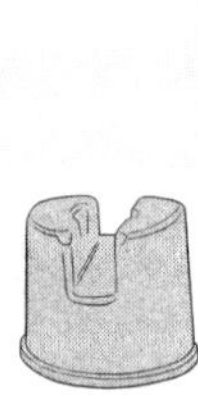

（PN：糞煮込み／46歳／大学職員／既婚）

★プロフィールを信じて失敗した話

お店のホームページのプロフィール欄に、

性感帯は耳

と書かれていた彼女。

糞煮込みさんはその記述を信じ、少女が初めてソフトクリームを舐めるかの如く、彼女の耳穴に自分の舌先を走らせた。

すると彼女は、まるで丸められた紙屑のように身構え、

「くすぐったいからやめて!」

と、キッパリ拒絶してきたそうだ。

▼風俗先輩からのアドバイス

風俗嬢のプロフィール欄を見ると、いけぞんざいに、こんなことが表記されている。

まずは**「在籍写真」**。**「下着姿（ときとして全裸）」**が多い。

昔は明らかにパネマジ（パネル写真をマジックのように可愛く加工する）が多かったが、最近は目をバチバチに化粧したり、カラーコンタクトを使っていたり、口元を隠したり、あるいは目をつむっている写真が目立つようになった。

そのほかには**「出勤日」「源氏名」「風俗年齢」「身長」「B・W・H」「喫煙するかしないか」「プレイの得意技」「性感帯」「可能なプレイ（オプション）」「趣味」**などが言葉少なく書かれている。

さらにお店によっては、**「オナニーは週何回？」「1日最高何回エッチした？」「好きなタイプは？」「好きな体位は？」「好きなサイズは？」**……などエッチな一問一答がなされている。

私も取材が円転自在に行われるように、取材対象の風俗嬢のことはお店のホームページで一通り下調べをする。

彼女の趣味がスキューバダイビングと記述してあれば、やはり海の話で盛り上がるために付け焼刃ではあるが、スキューバダイビングについてそれなりに頭に入れて取材に行くのである。

しかし、実際にはアンケートなんてものは常にいい加減なもので、彼女の返答は「あぁ〜、いつかスキューバダイビングをしてみたいなと思ったこともありましたね」なんてことも少なくない。

私が取材したホームページを管理している店員の話では、風俗嬢のプロフィールは、店員が風俗嬢に口頭で質問した受け答えをこう書けばお客が見てくれるだろうと、店員が（勝手に）書き込んでいるそうだ。もちろん、質問事項を筆記させるお店もあった。

風俗嬢たちも最初からまじめに書いていないので、自分たちのプロフィール欄に何が書かれているかなんぞは逐一チェックもしないし、頓着していないのだ。

しかし、私は恐察する。

お客にしてみたら、それは「嘘」かもしれないが、政治家の選挙公約みたいに議員バッチを胸に付けた瞬間、庶民との距離を取るような嘘ではなく、風俗嬢の嘘は、いわば客との距離を縮める真実を伝える嘘である。

出会った瞬間に、２人の物語が始まるのである。

糞煮込みさんは、始める前にひと言尋ねるべきであった。

「ホームページのプロフィールにある耳が性感帯って本当?」

最近、私はそうしている。

目に見えるものはすべて表面的な出来事でしかない。その裏に隠された真実を見つけ出すのもまた、風俗の醍醐味だろう。
最後に、お店のホームページについてもうひとつ。写真撮影のときの話なんぞを聞いたりすると、意外と盛り上がれるかもしれませんよ。

（お答え人／せんず利助）

幼女風俗が好き過ぎる人
キウイフルーツのうぶ毛におびえる……

★失敗談　35手

風俗嬢の極凄テクで
風俗廃人に
なりかけの俺がいる。

（PN：CIN・POINT／26歳／IT関係／既婚）

★風俗嬢のテクニックで失敗した話

ローションをしっかりしみこませたガーゼで、亀頭を中心に磨くように8の字を描くように根元から裏筋を摩擦刺激攻めする風俗嬢が用いるテクニックのひとつ**「ローションガーゼ攻め」**。

CIN・POINTさんはこの凄技の虜になってしまい、寝ても覚めても仕事中も風俗のことしか考えられなくなってしまったとのこと。

このままでは風俗廃人になってしまうので、どうすればキッパリと風俗から足を洗えるか、真剣に悩んでいるそうだ。

▼風俗先輩からのアドバイス

風俗嬢たちの様々な極凄テクニックを体験してきたわしだが、「ローションガーゼ攻め」は男を廃人にするだけの破壊力はある!!

口にぬるま湯を含んだままペニスを咥え、口内の中で渦潮を作る**「ローリングフェラ」**。M男や痴女好きにはたまらない**「乳搾り手コキ」**や**「しっぽフェラ」**。ほかにも**「前立腺マッサージ」「トコロテン（ペニスに触れずに射精）」「罵倒&囁き隠語責め」「寸止め射精管理地獄」**などなど。

熟女&痴女好きでドMのわしは、取材先が痴女系やM性感になると取材、いや人間であることを忘れて涎だらだら。アナルにペニバンを突っ込まれれば奇声発狂し、部屋中を悶絶乱舞している。

わしも風俗体験取材漫画家をやっていなかったら、CIN・POINTさんより先に風俗廃人になっていたかもしれない。

それにしてもなんで風俗ってあんなに楽しいのだろうか……。

ちなみに風俗体験取材は、毎週ローションガーゼ攻め取材ばかりできない。今日は女王様のおしっこを飲んで、1週間後は熟女にクンニ奉仕。月末はM性感でエネマグマ。来月はニューハーフにアナルを捧げ、再来月は体重三桁嬢の顔面騎乗。しかもお客になりきっての取材だからね。

余談だけど、風俗体験取材漫画家や風俗ライターは、パイチンが多いのを知っていますか？

なぜなら、パイチンだと経験の浅い女の子にはチン毛がないぶん大きく見せられるし、熟女の前では子供に還って甘えられ、女王様の前なら丸見え状態で無抵抗の下僕になれるからね。

風俗通いも仕事や遊びのように、「ＯＮ」と「ＯＦＦ」の切り替えが大切。ハマり過ぎにはご注意を！

とは言うものの、わしもちっとも上手く切り替えられない。日々、雑念と一緒に精液もダラダラと流れていく……。

（お答え人／コモエスタ神楽坂）

★失敗談　36手

ヘルス店の壁薄過ぎ！
隣の部屋から
聞こえてきた声に⁉

（PN：恋愛依存症／20歳／大学生／未婚）

★混雑するお店で失敗した話

初めての風俗体験の日。

3日前にネット予約し、期待に胸と股間を膨らませていた恋愛依存症さんは、平日の昼間でも待合室が混んでいる人気ヘルス店へ行ったという。

すると個室の壁が薄過ぎて、隣の部屋からお客の声が聞こえてきたそうだ。


「しゃぶってくれよぉ〜」

「しゃぶってくれよぉ〜」


まるで寄せては返す波のようなおやじの野太い声。

舟幽霊みたいで、まったく集中できなかったとのことです。

▼風俗先輩からのアドバイス

店舗型ヘルスの場合、プレイルーム（簡易ベッドが置かれている程度の広さ）が店内にあり、だいたい1店舗に8部屋程度の個室が用意されている。シャワーは各部屋ごとに付いているお店と、共同シャワーケースの場合があります。お相撲さんのような身体の大きな人が個室シャワーに入れなくて、四苦八苦する話はよく女の子から聞きました。

また、30分前後のプレイ時間で5000円前後の料金で遊べるということで、「ムラムラしたらちょっと出かけてスッキリ！」みたいな感覚で楽しめるのもポイント。店舗内なので女の子は安全だし、届け出を出しているお店ならお客も安心して遊べるので、風俗初心者から風俗愛好家まで幅広く人気があるのがヘルスです。

人気店ともなると、平日でも待合室は満席なので予約して行くのは正解です。ボクも気にし過ぎるタイプの人間なので、初めてヘルスの取材へ行ったときは、左右の個室の会話が気になってとても落ち着きませんでした（今もですが……）。

諸先輩の風俗取材関係者に尋ねたら「薄い壁はわかっているのだから共存共栄で声を殺して楽しむよね」ってことでした。

しかし世の中には声の大きな男性がいますからね。ボクはずっとモノマネをしている客に遭遇したことがあります。女の子は「超うけるぅ～」って言っていましたが、笑い声はなかったです。

ボクに付いた女の子も「隣の客が出て行くまで待ちましょう」って、優しい言葉を掛けてくれました。

ボクは取材させてもらう立場なので、一般客の迷惑にならないように人が少ないであろう平日のお昼1時から3時あたりにお邪魔しています。さすがに人気店は混雑していますが、ボクの知る限りでは意外と空いています。

（お答え人／アルバート・イヤロル）

★失敗談 37手

「〇〇〇付いてますよ!!」M性感嬢に言われて恥ずかしかった出来事。

（PN：なんとかナルヨー／55歳／会社役員／既婚）

★M性感のお店で失敗した話

M性感好きのなんとかナルヨーさんは、お店の女の子にアナルを見せた瞬間、言われたひと言に傷付いてしまったそうです。

「ウンチまだ付いてますよ‼」

女の子の様子が呆れた感じだったので、このときは恥ずかしさが勝ってしまったみたいですが、なんとかナルヨーさんはM男子。尻を叩かれながら言われたかったとか。

▼風俗先輩からのアドバイス

M性感は、M男子のための性的サービスをする風俗店で、基本的に女性は制服を脱がないし、プレイ前の洗いっこもなしです。プレイ前のシャワーは、お客さんだけで入るのが基本。

早くプレイを始めたくてシャワーを疎かにすると、なんとかナルヨーさんみたいになるので、しっかり洗いましょう。ご注意を！

また、ほかの風俗と違って男性から女性を責めることもＮＧ。お店によっては、女性に触れることもＮＧです。男性客はあくまでも受け専門で、主力プレイは「言葉責め」「手コキ」「顔面騎乗」などなど。「エネマグマ」、アナルバイブなどを使っての「アナル責め」や「前立腺マッサージ」などもしてくれます。

わしも初めてＭ性感取材に行ったときは、まったく他人に見られたことない肛門を女性に見られて大興奮しました。

プレイ内容は、性感ヘルスや回春マッサージとも違い、ＳＭクラブほど過激でもありません。とにかく肛門を責めてもらえるので、**肛門だけはしっかり洗う**ようにと経験者でもある担当編集者に指示されました。

取材当日、待機部屋でオーナーさんと誌面の打ち合わせを済まし、指定されたラブホテルへ。先にシャワーを浴び、バスタオル1枚で待つこと20分ほどでM性感嬢が部屋のドアをノック。軽い挨拶を交わし、嬢がお店に電話してバスルームへ。白衣に着替えてもらって、プレイ開始!!

「バスタオルを取って四つん這いになって」

わしは、すでにフル勃起状態。

ベッドの上にはパウダー、ローション、エネマグマ、バイブなどが広げられ、背後に回った嬢が使い捨てニトリルグローブをハメて、わしのアナルの周りを弄くりまわす。ゆっくり指先を出し入れして、ひと言。

「もっとお尻は穴の中まで洗わないとダメだよ！」

ひぃ〜〜〜い、恥ずかしい！

そ、そうかアナルの中まで弄られまくるんだぁ〜。

無知だったことに恥ずかしさを感じたわしはそれ以来、とくにアナルを見られる風俗（M性感、ニューハーフ、男の娘、SMクラブなど）には、浣腸器を使って中の中までしっかり洗い出かけるようにしています。難点は、洗い過ぎると風俗店へ行く電車の中でオナラばかり出てしまうことです。

M性感に行くときは気を付けてください！

（お答え人／コモエスタ神楽坂）

風俗の基礎知識

風俗店・風俗嬢選び 編

入店・待合室 編

プレイ前 編

プレイ中 編

プレイ後 編

帰宅 編

★失敗談 38手

入ったお店の風俗嬢が外国人だった⁉ どうする?

(PN:金の月/42歳/銀行員/既婚)

★外国人の風俗嬢がいるお店で失敗した話

金の月さんが入ったマッサージ店でのお相手は、日本語がほとんどわからない韓国お姉さん。カタコトの英語で聞いたら、なんと来日したなかりだというではないか。

プレイ中は「ナイス」とか「グー」とか言いながら適当な会話で楽しんでいたら、何故か韓国お姉さんが激怒。最後には、全裸のまま土下座させられたとか。

何故怒ったのか、今でも理由がわからない金の月さんは、「あのときの出来事は、まったく府に落ちません（怒）」だって。

そりゃそうでしょ。お気持ち察します……。

▼風俗先輩からのアドバイス

昨今、特に関西のほうでは、海外からの風俗客が激増していて大問題になっていると、成人雑誌の編集者から聞いた。都内でも風俗店内で**「海外からのお客出入り禁止」**の貼り紙を見たことがある。関係者に聞いたところ、やはり意思疎通ができなくて風俗嬢とお客のあいだで揉め事が頻繁に起きているからだそうだ。通信速度が格段に上がるという5Gになって、早く風俗専用の同時通訳機が売り出されるといいのに！

ちなみに、わしも同じような体験をしている。あるメンズエステへ行ったとき、やはり接客してくれたのが来日したての韓国お姉さんで、わしが取材人ということもあってか、カタコトの日本語でわしをやたらと誘ってきた。

「取材、終わる、マンション、来い、韓国海苔、あげる……」

だいたいこんなことを言ってきた。

マンションに行ったら男がいて……なんて恐怖が真っ先に浮かぶシチュエーションだったが、彼女の人柄なのか「行ってもいいかな？」と思えたので、仕事終わりを聞いてお店の前で待ち合わせ。待つこと1時間。お店から徒歩10分程度のワンルームマンションに着くと、男性の気配はまったくない。ただ、ひとりで住んでいるにはやたらと服や靴、バックなどが無造作に散らかっている感じの部屋だった。

部屋に着くと、その韓国お姉さんがわしに甘えてきたのでビックリ。男としてやることはやったのだけど、上手くコミュニケーションが取れない。無名ではあるがわしは漫画家なので、それなりに絵を描いてコミュニケーションしたんだけど、それが自分で言うのもなんだが、それなりに笑いも取れてスムーズにいった。

が、そとき……「ガチャ」というドアが開く音⁉

一瞬にして固まったわし。脳裏に浮かんだのは「怖いお兄さんがやっぱり来た！」という言葉。


100万円支払えと脅されるのか？

ホモビデオに出演しろと迫られるのか？

偽装結婚させられてしまうのか？


いやいや、考え過ぎでした。

部屋へやって来たのは、同居している彼女の女友達2人。仕事（同業）から帰って来ただけだったのでした。

その後、なんとなくその場に居づらくなったわしは、彼女に韓国海苔を貰って、バタバタと急ぐように部屋をあとにした。

もしかしてあのとき、もう少しコミュニケーションが上手にできたら、4Pできたのかな……？

そんなことをあとになって思ってみたり……むひひ。

言葉が通じない風俗嬢とのトラブルを回避するには、やはり**語学を学ぶ**か、あまり気を使わず**マグロに徹して笑顔を振りまく**のがよいのではないでしょうか。

あとは、精度のいい風俗専用同時通訳機が発売されるまで、ボディランゲージで乗り切りましょう！

（お答え人／コモエスタ神楽坂）

熟女クッキング教室
「マグロ男のおいしい
喰べ方」
ちんこの裏あたりが
大トロにあたりまぁ～す

★失敗談　39手

ローションまみれのパンツを発見した妻が発したひと言。

（PN：号泣射精／42歳／銀行員／既婚）

★風俗嬢の段取りの悪さで失敗した話

ヘルスへ行った号泣射精さん。しかし、嬢の段取りが悪く、下半身がローションまみれのまま店を出るハメになったという。

店を出るとき、受付の男性店員にやんわりとそのことを告げると、すまなそうに「女の子に言っておきます」と言って、来店すると判を1つ貰えるポイントカード（10ポイント貯まると1回オプションが無料）に、判を2つ押してくれたそうだ。

しかし、妻子持ちだった号泣射精さんの地獄はここから。帰宅するとそこには、まだ帰ってこないはずの奥さんとママ友の姿が⁉

「あ～ぁ、汗をかいたからシャワー浴びるわ……」

慌ててシャワーを浴び、下着を替え、その日はことなき終えたそうだが、翌朝、妻のひと言で顔面蒼白……。

「何このパンツ。仕事中に夢精でもしたの?」

そこにはローションまみれの昨日のパンツが⁉
妻子は只今、実家に長期帰省中だとか……。

▼風俗先輩からのアドバイス

プレイ時間終了は、基本的に風俗嬢さんがセットしたタイマーで知らされます。まれにですがタイマーセットを忘れ、お客さんに「あれ、時間いいの?」なんて言われる風俗嬢さんがいる話を聞いたこともあります。

また、風俗利用者で一番多いのが、月イチで来る妻子持ちの30代だそうです(※風俗嬢200名以上取材)。

お店側も妻帯者やパートナーのいるお客さんには会員証や割引

券の隠し方をアドバイスしたり、お店の営業メールや女の子の名刺なども風俗店だとわからないように配慮しているところもあります。男性店員も女性（客ではない男性など）からの電話には、風俗店だとわからないように対応している場合もあるようです。

最近では、ほとんどのお店が無香料のボディソープやオイルを常備しているし、ラブホテルよりもシティホテルを使用するお店も少なくありません。とにかく女性の勘は、哺乳類として外敵から子供を守るために与えられた「六感」とも言われているそうで、妻帯者やパートナーのいるお客さんはお気を付けてください。

（お答え人／桃山みか）

同窓会をきっかけに浮気する人妻たち

主婦200名に「元カレとの凄過ぎる思い出エッチ」を取材したときに、10年、20年ぶりの同窓会に行って、その夜、元カレあるいは同級生とエッチな関係になった主婦は、30名近くいました。

（文／桃山みか）

★失敗談 40手

出会って速射!!
早撃ちの俺に
風俗嬢が言った言葉。

（PN：早撃ちマッパ／31歳／建築関係／既婚）

★待ち時間に妄想し過ぎて失敗した話

早打ちマッパさんは、ラブホテルの部屋でデリ嬢を待つあいだ妄想と股間が膨らみっぱなし。彼女を部屋に招き入れた瞬間、彼女のなんともいえない甘い香水の臭いを嗅いで、心の中で「もうやばいかも……」と思ったそうです。

彼女と軽い挨拶をしたあと、彼女にズボンを脱がされ、バスタオルを巻かれたとき、すでに股間はスカイツリー。

「あら元気ね」

バスタオルの上からち○こを擦られた瞬間、射精してしまったそうだ。そして、さらに追い打ちをかける彼女の厳しいひと言。

「うちは1回で終わりですよ」

風俗嬢さんに言われ残り50分近く、しどろもどろな会話が続き、いつのまにか風俗嬢さんの愚痴を延々と聞かされるハメとなったらしい。

▼風俗先輩からのアドバイス

確かに、時間内に射精できる回数が1回と決められているお店もあります。ただし、お店ではなく風俗嬢自身が決めている場合もあるようです。

売春防止法に違反しないために風俗店のホームページには、射精回数は書かれていません。ソープランドなどでは時間内であれば、射精回数は無制限が一般的です。

また、女性の体調にもよりますが、プレイ時間がたっぷり残っているのにすぐに射精してしまったお客には、再チャレンジのチャンスを与えてくれる風俗嬢さんは少なくないと思います。

プレイ時間内なら何度でも射精できるお店は多く存在しますので、見つけたら玉金がカラになるまで撃ちまくってください。射精無制限のお店もありますので、風俗雑誌、スポーツ新聞、ネット情報などを参考にしてみてください。


余談になりますが、ＥＤ治療薬を服用すると遅漏になるそうです。さらに風俗へ行く前にひと擦りすることもいいのかもしれませんね。

（お答え人／桃山みか）

★失敗談　41手

拘束プレイを堪能。〇〇の置き場を忘れて大変なことに!!

（PN：ファロスの涙／63歳／マンション管理業務／既婚）

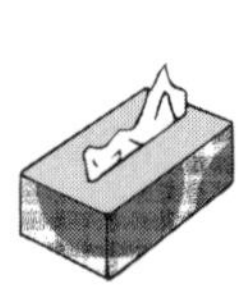

★拘束プレイで失敗した話

痴女系デリヘルの（本格的）拘束プレイで楽しんだファルスの涙さんだったが、盛り上がり過ぎたせいで、手錠のカギ置き場を忘れてしまったそうだ。

しかたなく刑事ドラマでよく見る手錠をされた両腕を上着で隠した状態で、風俗嬢さんの待機部屋があるマンションへ行き、男性店員の許可のもと手錠を切ってもらったとか。

小心者の私は「もしプレイ中に火事や地震が起こったらと……」と考えてしまい、頑丈な拘束具は怖くて着けられません……。

▼風俗先輩からのアドバイス

ラブホテルの従業員さんを取材したときにも、忘れ物は少なくないと言っていました。財布とか、スマホなど貴重品は慌てて取りに来ますが、下着などの衣類はまず取りに来ないそうです。

基本的に、ラブホテルではお客様の忘れ物はちゃんと保管してあります。受付に電話をすればしっかり対応してくれます。遠距離で受け取りが困難な場合でも着払いで郵送してくれるそうです（対応していないラブホテルもあるかもしれませんので確認を）。

余談ですが、知人の女性エロ漫画家Fさんは、ラブホテルの資料写真が欲しいということで、担当編集（妻子あり）さんとラブホテルへ。しかし、部屋の雰囲気に飲まれてしまい、撮影そっちのけで始めちゃったとか……。

すっかり男女の関係になっておふたりは帰宅。Fさんはラブホテルに漫画の重要書類一式を忘れたのに気が付いたのですが、ひとりでは取りに行けずその夜、ネーム40頁すべて描き直したそうです。

エッチに夢中なのはわかりますが、忘れ物には注意しましょう。

（お答え人／桃山みか）

風俗の基礎知識

風俗店・風俗嬢選び 編

入店・待合室 編

プレイ前 編

プレイ中 編

プレイ後 編

帰宅 編

★失敗談 42手

風俗嬢のNちゃんに一目ぼれ!! そんな俺が〇〇になった理由がヤバい?

（PN：路傍の石塚／39歳／公認会計士／既婚）

★風俗嬢にマジ恋して失敗した話

同僚たちと出かけた風俗店（業種は書かれていない）で、接客してくれたNちゃん（風俗年齢22歳）に、一目ぼれしたという路傍の石塚さん。

寝ても覚めてもシコってもシコってもNちゃん、Nちゃん!!

あまりにもオキニが好き過ぎて、1日3回通ってみたら、逆に怖がられて出禁になってしまったそうです。

妻子もいるというのに……。

▼風俗先輩からのアドバイス

風俗嬢さんを取材していて意外と多く聞くのが、出会って数回目で婚約届けを持参してくるお客さんがいるということです。

取材中にヘルスの待合室をチラっと覗いたら、両手いっぱいの花束を抱えているお客さんがいました。店員さんに聞いたら、お店の子が今日限りで風俗嬢をやめるということで、太客さんが最後のお別れに来ているとのことでした。

ストリップ劇場を取材に行ったときに、踊り子さんに花束を渡していた光景は何度か目撃しましたが、ヘルスでは初めてだったので凄く印象的でした。

小説家の生島治郎先生は風俗嬢さんと結婚しています（のちに離婚していますが）。知人の漫画家さん、ライターさんにも風俗嬢さんと結婚している人はいます。

上手く結婚というゴールにたどり着けばいいのですが、私の知る限り、風俗嬢さんとの結婚はなかなか困難があるようです。

知人の漫画家Aさんは、風俗嬢さんと恋愛関係になり、Aさん宅で同棲を始めたのですが、数日後、金目のものがごっそりとなくなり、彼女も消えてしまったそうです。

漫画家Bさんの場合は、行き付けのフィリッピンパブで女性と恋愛関係になり結婚話が浮上。貧乏だったBさんは、両親に結納金100万円を出してもらい彼女に渡したところ、数日後に彼女は黙って帰国してしまったそうです。

風俗は、別名**「色恋営業」**と言われています。

「また会いたいと思わせる！」

これがお金を稼げる風俗嬢さんのテクニックです。

あくまでも風俗嬢さんとの関係は「疑似恋愛」。とにかく自然体で、あなたの心の隙間に入り込んで来るので、お気を付けて。

風俗とは、性的なサービスを行う大人の男の社交場。

そのことを頭の隅に置いて楽しんでください。

（お答え人／桃山みか）

★失敗談 43手

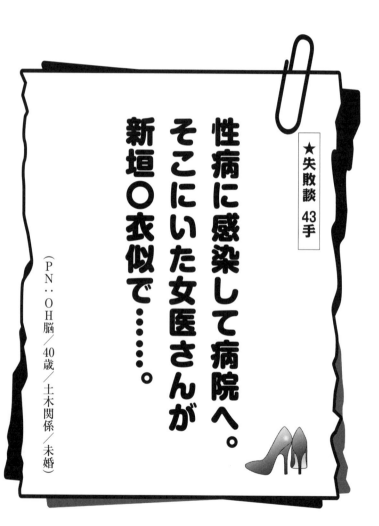

性病に感染して病院へ。そこにいた女医さんが新垣○衣似で……。

（PN：OH脳／40歳／土木関係／未婚）

★性病をうつされて失敗した話

風俗へ行ってから1週間後、おしっこするたびに尿道が痛い。尿道炎みたいだと思い、猶予なく泌尿器科に走り込んだOH脳さんは、そこで彼の理想とする女神と遭遇!

ショートヘアーのモデル体型、白衣の上からでもわかる美乳、スラリと伸びた美脚に黒いストッキング履き。

女優で言えば、**新垣○衣**似の美人女医。

性病は2週間もせず完治してしまったのだが、そのとき彼が思ったことは、「また性病を移されたい」だったそうです。

▼風俗先輩からのアドバイス

性病の種類を大まかに書き留めておきます。参考までに。

①**性器ヘルペス**……ペニス周辺に水泡・発疹ができ、激しい痛みを伴う。

②**クラミジア感染症**……自覚症状は乏しい。前立腺炎になる恐れがある。

③**毛ジラミ**……陰毛に付着する。激しいかゆみを伴う。

④**梅毒**……ペニスにしこりができたあと、身体中に発疹ができる。最悪の場合、脳神経へダメージをおよぼす。

⑤**淋病**……放尿のとき、痛みを感じる、膿が出るなどの初期症状がある。症状が進むと、激しい腹痛と高熱に襲われる。

「性病かな？」と思ったら、迷わず症状検査・診断を受けください。性病は早期発見と早期治療が重要だと言われています。そして、感染するケースの8割が、本番（生挿入）だそうです。

管理の行き届いているお店は、風俗嬢さんたちにも検査を徹底していると思いますので大丈夫かと思いますが、お店に行ってこんな症状が出たら要注意です！

＊＊＊＊＊＊＊＊＊＊＊＊＊＊＊＊＊＊＊＊＊＊＊＊＊＊

□おしっこをすると尿道が痛い。違和感がある。金玉も痛い、腫れている。

●淋病の可能性あり。尿道口から黄色い膿が出てきたら間違いないです。

●クラミジアの可能性あり。尿道口から透明な膿が出る場合あり。比較的自覚症状が出にくいので感染させる確率高し。

□亀頭や先っちょの皮が痒い、痛い。

●亀頭包皮炎の可能性あり。亀頭にブツブができたり、白いカスが出る。

□ち○こに水ぶくれができた。

●性器ヘルペスの可能性あり。潜伏期間2日～10日を経て水ぶくれが出る。人によっては高熱が出る場合もある。

□痛みや痒みはないが、ち○こに1、2ミリのイボができた。

●尖圭コンジローマの可能性あり。痛みや痒みがないので放置しがちだが、1度かかると治療も長期化する。

□喉の奥が赤い。喉が痛い。鼻づまりしている。

●咽頭クラミジア、咽頭淋病の可能性あり。感染しても1、3週間と潜伏期間が長いのでヤリチンご用心。

□だるい。下痢が続く。発熱している。身体に発疹ができる。

●梅毒、HIVの可能性あり。放置すると死に至るので、すぐに病院、クリニックに行きましょう。梅毒の場合、痛みのないしこりや腫れがち○こや肛門、唇にできる場合もあり。

＊＊＊＊＊＊＊＊＊＊＊＊＊＊＊＊＊＊＊＊＊＊＊＊＊＊＊＊＊＊

性病に関する正しい知識と対処法は、しっかり身に着けておきましょう。性病にかかったら完治するまでおとなしくしていてください。性病に感染したまま風俗遊びはご法度です！

（お答え人／桃山みか）

日本もヤバイ？ 梅毒患者が急増!!

近年、ネットニュースなどで、梅毒感染患者が48年ぶりに6000人を超えたなんて騒がれていました。

- **2016年**……4518人
- **2017年**……5770人
- **2018年**……6923人

『国立感染症研究所』調べ

また、東京都の梅毒感染患者数は、以下の通り。

- **2016年**
  男性（1218人）／女性（455人）
- **2017年**
  男性（1229人）／女性（559人）
- **2018年**
  男性（1180人）／女性（595人）

『東京都感染症情報センター』調べ

皆様、お気を付けください。

（文／桃山みか）

★失敗談　44手

イノセントな
新人デリ嬢が働く理由。
話を聞いて4年間
毎週指名したら…。

（PN：むき出しの亀頭／40歳／印刷関係／未婚）

★新人デリ嬢にドはまりして失敗した話

風俗店のホームページをネットサーフするのが好きだったむき出しの亀頭さんは、ある日、好みの新人デリ嬢Oちゃん（当時21歳）を発見。早速、予約をして行ってみると、彼女が言うにはお店で働くようになってまだ2日目らしく、とにかく何もできないマグロ状態だったという。

「どうしてそんなに何もできないの？」
「お店から初心な演技をしろとでも言われているの？」

思わず彼女に詰問してしまったが、聞けば風俗で働く前の体験人数がたったひとり。しかも相手は童貞（2回デートしただけで別れる）。そんなイノセントな彼女がなぜ風俗に？

その理由が「親の借金」と聞いたむき出しの亀頭さんは思わず「今

はいつの時代？」と咆哮してしまったとか。

「何も知らない初心な風俗嬢を自分好みに育てたい！」

そう思い4年間、毎週彼女を指名し続け、結局、自分も借金を抱え自己破産したそうだ。ご愁傷さまです……。

▼風俗先輩からのアドバイス

お客の性癖の数ぐらい特殊風俗店があるのではないかと思われる昨今。日本での風俗の楽しみ方はいろいろだ。

・射精がしたい。
・おしゃべりがしたい。
・本番がしたい。

・罵倒されたい。
・飲尿したい。
・逆アナルされたい。
・臭いを嗅ぎたい。
・膝枕だけをされたい。
・いじめられたい。
・ひとりでシテいるところを見られたい。

私のまわり（狭い出版業界）でも、酒、女、ギャンブルに夢中になり過ぎて自己破産している人の話は折節に聞く。
ちなみに、風俗通いが原因で自己破産しても、裁判所に正直に話し、反省していることをきちんと理解してもらえれば、借金が免除されるケースもあるらしい。もちろん、そんなことにならないことがベストではあるのだが……。

（お答え人／せんず利助）

★失敗談　45手

肩を叩かれただけで○○しそうで怖い……。M性感に行くたび開発されまくるオレ。

（PN：今日の奴隷飯／54歳／会社員／既婚）

★M性感店に通い過ぎて失敗した話

「射精だけで満足するお客は、M性感は向いていないわよ」

エステ嬢に言われたひと言で、恥ずかしさの先へ足を踏みれることができたという今日の奴隷飯さん。

うつ伏せになり、背中にパウダーを掛けられ、彼女の細い指先がさわさわと這うだけで自然と腰が浮き、アナルがパックリ。金玉はキュッと拳骨大と縮み、男性自身はカリ首を一気に持ち上げ、まるでブレイクダンスをするかのように激しく律動してカウパー液を火花のようにまき散らす。

またあるときは、エステ嬢に太ももをひと撫でされた瞬間、頭の中が真っ白になり、腰を浮かし、身悶え、乙女のような喘ぎ声を出す……。

M性感に通い始めて3年半。行くたびに新しい性感帯を見つけられ、責められ、歳を重ねるほど男性自身が硬くなっていくとのこと。今ではエステ嬢に肩を叩かれただけで射精してしまいそうで怖いと話していました。

▼風俗先輩からのアドバイス

私は風俗体験取材を始めて10年以上経つが、「M性感」という風俗を知りアナルに目覚めたのは、体験取材がきっかけだったと言っても過言ではないだろう。

その昔、数名の看護師に取材したとき、そのひとりから、毎年数名、アナルに異物を挿入したまま取り出せなくなって運ばれて来る救急患者がいると聞いた。

何を隠そう私自身もM性感で**エネマグマ**の虜になったひとりだ。

私がアナルに目覚めたのは、とあるニューハーフ店のナンバーワン・Rさんに体験取材したときだ。

Rさんのカチカチ棒にこれでもかとアナルをガンガン突き上げられたあと、ゆるりと抜去されたときの快感たるや、「これが噂のメスイキか」と発狂し感涙、目の前の綺麗なニューハーフち○こを涎を垂らして咥えたものです。

・・・

アナルとは、まさしく人体の排泄口であり、消化官の出口である。その出口に異物を挿入することで、本当にひとときの快感を得られものだろうか。甚だ疑問であったが、Rさん曰く「アナルは挿入されるよりも、抜去されたときのほうが1000倍気持ちいいんだからぁ〜」とのこと。

その言葉に偽りなし！

M性感風俗店、ニューハーフ店は、性癖をさらけ出し、理性を埋没する場所でもあるのかもしれない。

・**前立腺マッサージ**……肛門の中を指先などでマッサージする。
・**男の潮吹き**……尿道から噴き出す透明の液体のこと。
・**エネマグマ**……前立腺マッサージ器具。
・**ドライオーガズム**……射精を伴わない絶頂のこと。
・**ガーゼ亀頭責め**……ローションをしみこませたガーゼで亀頭を責めるテクニック。
・**拘束プレイ**……相手の行動の自由を奪うプレイのこと。
・**逆アナル**……女性が男性の肛門を責めるプレイ。
・**顔面騎乗**……相手の顔の上に跨って座ること。
・**パウダー性感**……ベビーパウダーなどを使って全身をリラックスさせる性感マッサージ。

などなど。

挿入して腰を振るだけが男の悦びではない。射精してからが、本当の勝負なのだから。

理論物理学者のアルベルトなにがしも言っている。

「人生を楽しむ秘訣は、普通にこだわらないこと」

他人に性癖をさらけ出すことは、SEXをするよりも気持ちいいハズ。他人の目を気にせず、風俗ライフを楽しみましょう。

でも、私はいまだアナルのクンニ **「アニリングス」** には抵抗がある。

（お答え人／せんず利助）

★失敗談　46手

「お店には内緒だよ♡」そんな言葉を信じて生〇〇〇したら…。

（PN：裏表玉金／40歳／ショップ経営／既婚）

★ＡＶみたいなことを信じて失敗した話

常日頃、本番禁止の風俗店で、「エッチができたた」「生ハメできた」と、風俗好きの知人たちが小躍りする姿を見るたびに、オレもと思いながらデリヘルに通っていた、裏表玉金さん。

ある日、今どきの20代前半だと思われる愉快なデリ嬢Cちゃんが、いまひとつ勃ちが悪い裏表玉金さんのち○こを見て、

「お店には内緒だよ♡」

耳元で囁かれ、そのひと言で股間は直立不動。気が付けばゴムも付けずにCちゃんに中出し。

「これがいまどきの風俗か！」と感動して帰宅した裏表玉金さんだったが、次の日、風俗店から電話が……。

彼女に「無理矢理」本番行為をしたということで、示談金として100万円を支払えと請求されたそうです。

▼風俗先輩からのアドバイス

こういったケースは、すぐに弁護士を通して、お店側との示談交渉を行うのがベストではないでしょう。

風俗上のトラブルは基本、民事事件として扱われる場合が多いので、お店側が被害届を出しても客側が警察に逮捕される可能性は低いです。とは言っても、傷害や窃盗、痴漢などの悪質な行為は刑事事件となるので、警察が動きます。

風俗トラブルは、会社、知人、ご近所など周囲にバレるのではないかと不安になるかもしれませんが、とにかく風俗店との揉め事は、弁護士さんに頼むのが一番です。

ただし、弁護士さんにも風俗関係の得意な人、IT関係に強い人などいろいろな方がおられますので、ネット、口コミなどで正しい情報を入手して依頼されるのが賢明かと思われます。

余談ですが、知人の風俗体験取材漫画家・Kさんは、取材した女性が偶然、同郷。故郷の話で大盛り上がりしたあと、取材後に誘われ彼女の自宅マンションへ。

手料理をご馳走され、取材でゴムあり1発、プライベートで生1発かましたそうだが、急に怖くなってその後、3カ月間行方をくらましたとか。

今は普通にお仕事をしているようですが、この件についてメールすると「一気に燃え上がる情熱は冷めやすいので気を付けろ！」って返信がありました。

いったい何があったのでしょう……。

（お答え人／桃山みか）

★失敗談 47手

超過激な拘束プレイに大満足して帰宅。〇〇の中を見ると……。

（PN：オルター・エゴ／36歳／フリーター／未婚）

★プレイに夢中になり過ぎて失敗した話

拘束フェチのオルター・エゴさんは、ネットで見つけた「究極の拘束プレイ」を売りにする痴女系デリヘル店へ。

しかも他店では、1000円から3000円以上するオプションも基本プレイに含まれているうえに、プレイ内容は全裸で目隠し、耳にも聴覚を奪う耳栓、手足は専用のロープで縛られ、ベットの上で大の字にされ身動きできない状態で責め続けられるというものだったとか……。

大満足で帰宅したのだが、改めて財布の中身を確認すると、どう考えても1万円足りない⁉

根拠もなく彼女を疑ってはいけないと思いつつも、放置された時間がかなり長いと感じたのも事実。

とにかくこれからは、風俗へ行くときは余分な現金は絶対に持っていかないように決めたそうだ。

▼風俗先輩からのアドバイス

わしの周りでも、立ちんぼ（路上に立って客引きをする娼婦）に金品を盗まれた漫画家がいる。
シャワールームから出てみると、すでに女性の姿はなく、財布の中のお金や外した腕時計などが綺麗になくなっていたそうだ。スマホも取られたていたので、知人友人の番号もわからない。しかたなくラブホテルの受付から某出版社に連絡してもらい、担当編集者にホテル代を払ってもらったらしい。

夏目漱石先生のお言葉「こころ」より。

「平生はみんな善人なのですよ。少なくともみんな普通の人間なんです。それがいざという間際に、急に悪人に変わるのだから恐

ろしいのです。だから油断ができないのです。」

人は弱いのです。
だから共存共栄が大切なんですね。

（お答え人／コモエスタ神楽坂）

赤ちゃんプレイで有名なヘルスが摘発された
現行犯逮捕されたKさん（55歳）その場でイヤイヤ
その後ハイハイで逃亡…

★失敗談　48手

風俗嬢からもらった脱ぎたて生○○○。その活用法。

（PN：黄ばんだ情熱／46歳／演劇関係／未婚）

★風俗嬢から貰ったプレゼントで失敗した話

黄ばんだ情熱さんは風俗嬢の生パンティーが大好物で、それ目的で風俗へ出かけるそうです。

風俗嬢から受け取った脱ぎたてのパンティーを自宅に持ち帰り、自宅にある加湿器の蒸気吹き出し口にかぶせて臭いを嗅ぎながら悦に入り、シコるのが楽しみだという。

一度、加湿器で濡れたパンティーの汁をチューチューしようとして唇を近づけたら大火傷を負ってしまったとのこと。

熱々おでんならぬ、熱々パンティーにはご注意を！

▼風俗先輩からのアドバイス

デリヘル、ヘルスなどでは、接客してくれた風俗嬢の脱ぎたてパンティーをプレゼントしてくれるイベントや、オプション購入できるサービスがあります。

パンティーお持ち帰りの最大の楽しみはプレイ終了後です。

帰宅してから、先ほどまで履いていた彼女を思い出し、自分で履くもよし、頭からかぶって大きく深呼吸してもよし、パンティーでち○こを包んでシコるのもよし。楽しみはいろいろです。

某エロ雑誌編集長によると、読者プレゼントで読者からの応募が一番多いのは、生パンティーだそうだ。

ボクも出版社、風俗取材などで、女性用の生パンティーをたまにいただく。頂戴するたびに、申し訳ないと思いながら心の奥底で「できるならば、パンティーストッキングのほうがムラムラするのですが……」とつぶやいている次第です。

ところで、ボクは46歳まで童貞だったので、自慰の楽しみ方にはちょっとした拘りがあります。

ボクの「おかず」としてのパンティー利用法は、パンティー1

枚の姿になって布団の上でする**床オナ**です。

でも、ただうつ伏せになって股間を擦るのではなく、まず「ボクが女性刑務所の監視役で、女受刑者たちに捕らわれの身になった」という設定で、布団の上に大の字になります。

牢屋のカギは、ボクの包茎ち○この皮の裏に隠してあり、女受刑者たちはボクを拷問してカギの在処を探り当てようとしますが、ボクは自白しません。しかし、射精させられると包茎ち○こからカギが飛び出してくる仕組みになっているので、絶対に射精をしてはいけないのです……。

女性用の生パンティーが手に入ったときは、いつもこんな妄想を抱いて床オナを楽しみます。

女受刑者の配役も毎回違います。今日は多部○華子、明日は木村○乃……って感じで。

ちなみに医者の話では、床オナをし過ぎると、女性との性行為では刺激が足らず射精できなくなったり、半立ち射精する確率が高くなるとのこと。うつ伏せ状態で床に摩ったりするため、ち○こや尿道口を傷付けてしまうこともあるそうだ。注意されたし！

さて、話はだいぶ逸れてしまったけど、帰りの際に風俗嬢からちょっとしたプレゼントを手渡されると、本当に嬉しいですよね。取材でG県のソープランドへ行ったとき、帰り際に女の子から、

「夜、ひとりでカクとき使ってね♥」

こう言われて手渡されたプレゼントは、なんと安そうなボールペンでした（笑）

（お答え人／アルバート・イヤロル）

風俗業態別料金比較一覧

ソープランド料金一例

			備考
プレイ時間	60分	20,000円	※ソープランドは「入浴料」+「サービス料」というかたちになるので、料金は「総額」。 ※最近では、入会金、指名料は無料というお店が増えています。
	90分	29,000円	
	120分	38,000円	
	150分	46,000円	
その他	入会金	無料	
	指名	無料	
	本指名	無料	

デリヘル（デリバリーヘルス）料金一例

			備考	
プレイ時間	60分	15,000円	おもなオプション	
	90分	18,000円	コスプレ	1,000円
	120分	21,000円	電マ	2,000円
	180分	48,000円	写メ	4,000円
その他	入会金	2,000円	AF	10,000円
	ネット指名	1,000円	延長（30分）	
	本指名	2,000円	8,000円	

M性感エステ／マッサージ料金一例

			備考
プレイ時間	50分	15,000円	延長（15分）
	75分	20,000円	4,000円
	100分	25,000円	
その他	指名料	1,000円	
	本指名	2,000円	

風俗業態別料金比較一覧

M性感デリヘル料金一例					
プレイ時間	60分	16,000円	備考	おもなオプション	
	70分	19,000円		アナルバルーン	1,000円
	80分	22,000円		浣腸	2,000円
	90分	25,000円		剃毛	2,000円
その他	入会金	1,000円		脱糞	5,000円
	ネット指名	1,000円		延長（30分）	
	本指名	2,000円		9,000円	

ファッションヘルス料金一例					
プレイ時間	30分	8,000円	備考	おもなオプション	
	45分	12,000円		オナニー鑑賞	1,000円
	60分	16,000円		放尿	2,000円
	90分	24,000円		イラマチオ	4,000円
その他	入会費	1,000円		顔射	3,000円
	ネット指名	1,000円		延長（30分）	
	本指名	2,000円		9,000円	

ピンサロ料金一例				
時間	平均30分		備考	※一杯目のドリンクは、無料の場合も多い。
	12:00~18:00	5,000円		
	18:00~21:00	6,000円		
	21:00~24:00	7,000円		
その他	写真指名	2,000円		
	本指名	2,000円		
	ドリンク各種	500円		

風俗業態別料金比較一覧

ニューハーフヘルス料金一例

			備考	
プレイ時間	60分	16,000円	おもなオプション	
	90分	20,000円	逆アナル	無料
	120分	28,000円	アナル舐め	3,000円
	150分	33,000円	口内発射	3,000円
その他	入会金	無料	女装	3,000円
	指名料	無料	延長（20分）	
	本指名	1,000円	5,000円	

オナクラ（オナニークラブ）料金一例

			備考	
プレイ時間	20分	5,000円	おもなオプション	
	30分	6,500円	ビンタ	500円
	45分	9,000円	唾液	500円
	60分	14,000円	オナホール	1,000円
その他			手コキ	1,500円
			足コキ	2,000円
			手のひら射精	1,000円

SMクラブ料金一例

			備考	
プレイ時間	S　90分	30,000円	ラブホテル	3,500円
	M　90分	24,000円		
その他	入会金	2,000円		

おわりに

風俗へ行く心構えとして以下のことを挙げたい。

・情報を制すものは風俗をも制す。
・受付の電話対応でその店の良し悪しがほぼわかる。
・爪の先からアナルまで清潔であれ。
・迷ったらグループ店か、老舗店。
・風俗嬢さまの前では謙虚であれ。
・AVのテクニックはNG、AVは見るものと心得よ。
・あと払い制のお店には気を付けろ。
・勇気を出して「NO」と言える客となれ。
・少しでも安く本番がしたかったら早朝ソープ。
・臭いところは性感帯。

・男の勲章 メスイキ。
・失敗は経験、そこから立ち上がるお前が美しい。
・鮭は射精したら死ぬ、射精を無駄にするな。
・早漏がなんだ！ チンパンジーは3秒で射精する。
・お前だけの性癖を見せてやれ！

ワイワイガヤガヤ言っておりますが、とにかく風俗は面白い、楽しい、愉快な娯楽であって、これほどまでに客のニーズに応えている多種多様に進化している風俗は世界にあるのでしょうか。

世界的に「売春」を合法化する国が増えてきています（大麻も）。日本でもカジノ誘致に伴い、風俗の合法化なんて根も葉もない噂が飛び交っているようです。

さらに、次世代通信システム5Gで風俗業界の成り立ちもかなり変化するのではと考えている人もいるようです。この先、どんな面白い風俗店が乱立するのか、どんな変わった風俗店が出現するのか、非常に楽しみです。

今回、執筆をお願いした漫画家・ライターは、商業的に失敗したたばかりです。みなさん、社会的（出版業界）に居場所がない人たちばかりでした。挫折ばかりを繰り返してきた人たちです。社交的でもない漫画家、ライターがひとり、ふたり……、10人、100人、1000人と風俗嬢さんを取材した結果です。

この書籍が風俗利用者、さらには風俗に興味を持たれた方々の道案内になることを切に希望します。

令和元年十二月　風俗探求編集部代表 コモエスタ神楽坂

●協力

・**アルバート・イヤロル**（風俗体験取材漫画家）
『ペットマン～女に飼われる男たち～』（初出 リイド社）
『風俗嬢だけが知っているココだけのお話』（初出 一水社）

・**桃山みか**（風俗ライター）
『コワ～い風俗のお客さん』（宝島社）
『コワ～い風俗のお客さん2』（宝島社）
『風俗のヘンなお客さん』（イーストプレス）

・**せんず利助**（漫画家&ライター）
『ヤリマン伝説：希望と挫折の終着駅 東京編 キンドル版』（初出 東京スポーツ）

●著者

コモエスタ 神楽坂（こもえすた かぐらざか）

風俗探求編集部代表。クズ過ぎる自由な漫画家として、コア新書より私小説『こんな漫画家になりたくなかった風俗体験取材28年間の苦悩』を出版。

現在もED治療薬を片手に取材中だが、昨今、同年代の無名漫画家たちが立て続けにボロアパートでひっそり孤独死していて、朝、目覚めるたびに「あ、今日も生きていたか」と思う日々。
◎Twitter アカウント：@machiku2015

風俗探求編集部（ふうぞくたんきゅうへんしゅうぶ）

性風俗をこよなく愛するライター、漫画家を軸にした探求の徒。

大量の取材経験、実地経験をもとに、最後のフロンティアである「性風俗」という大宇宙を探求し、解明しようと日々活動している。

主な著書に『風俗1年生の教科書』（総合科学出版）がある。

失敗談から学ぶ 風俗の教科書

2020 年 1 月 24 日　第1版 第1刷発行

著者	コモエスタ神楽坂（風俗探求編集部代表）
カバーイラスト	ぎんなん太郎
本文イラスト	駅前りょかん
印刷	株式会社 文昇堂
製本	根本製本 株式会社

発行人　西村貢一
発行所　株式会社 総合科学出版
〒101-0052　東京都千代田区神田小川町 3-2 栄光ビル
TEL　03-3291-6805（代）
URL：http://www.sogokagaku-pub.com/

Printed in Japan　ISBN978-4-88181-877-0　C0076